L'ALGÉRIE ET LA CRISE COTONNIÈRE.

L'ALGÉRIE

ET LA

CRISE COTONNIÈRE

PAR

ANTOINE HERZOG,

MANUFACTURIER, MEMBRE DU CONSEIL GÉNÉRAL DU HAUT-RHIN.

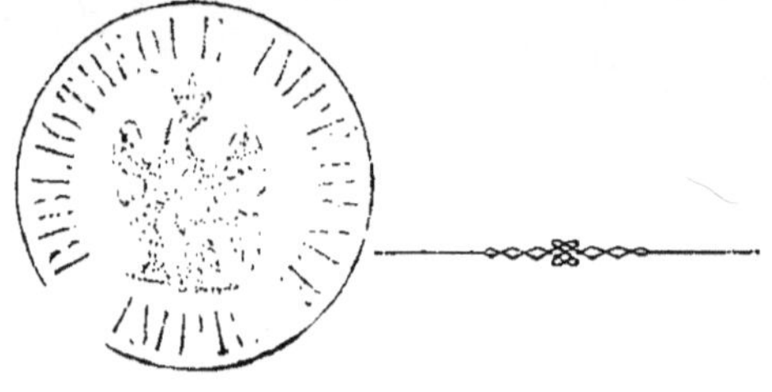

COLMAR,

IMPRIMERIE DE CH.-M. HOFFMANN.

1864.

L'ALGÉRIE ET LA CRISE COTONNIÈRE.

I.

Il y a deux ans, la subite explosion de la guerre civile aux États-Unis mit l'industrie cotonnière en émoi et compromit l'avenir manufacturier de l'Europe en tarissant la source presque unique qui fournissait l'aliment indispensable à son travail. Les journaux de toutes les nuances ont raconté les souffrances des populations du Lancashire. Manchester, jeté dans une position désespérée; dans ce seul centre, cinq cent mille ouvriers sans occupation, sans travail, sans pain; la sourde fermentation de tant de misères menaçant l'Angleterre de graves perturbations, sont autant de scènes pleines d'un retentissement douloureux. Si le dévouement des chefs d'industrie, en Alsace surtout, a évité à la France de semblables désordres, le danger n'en a pas moins été imminent. M. Forcade, dans la ***Revue des Deux-Mondes,*** le ***Temps*** ensuite et, à leur exemple, tous les journaux, ont stimulé les souscriptions en faveur des victimes de la crise cotonnière : des offrandes modestes s'élevant par leur multiplicité à un chiffre important; de fortes sommes votées par les conseils généraux; des millions de francs votés par les Chambres, disent l'accueil fait à cet appel, et ont pourvu aux plus pressants besoins. Il y aurait de touchants exemples à citer en faveur de l'esprit de solidarité qui unit toutes les classes de la société en France; mais que peut l'étendue de leurs sacrifices contre des misères infinies?

La charité est impuissante à remédier aux crises économiques et sociales. Pour améliorer la situation, il ne suffit pas d'ouvrir des listes de souscriptions, ni de provoquer les entreprises publiques ou privées pour occuper les bras sans travail. Le mal se maintient tant que subsiste la cause du mal. Or cette cause se trouve dans la dépendance absolue où s'est placée l'industrie en mettant son approvisionnement à la merci des vicissitudes politiques d'un seul peuple. De là la nécessité, pour garantir l'avenir de crises aussi cruelles, de développer et d'étendre, par tous les moyens possibles, la culture du coton dans les pays susceptibles de produire ce textile, et, d'une manière spéciale, dans nos colonies.

Pénétré de ce besoin, et jaloux de contribuer à relever en France le rôle de l'initiative individuelle, je me suis rendu en Algérie afin d'en mieux étudier les ressources en vue de la production cotonnière. A mon arrivée à Oran, une Compagnie anglaise était censée avoir obtenu une concession de 24,100 hectares dans les plaines de l'Habra. Les colons du Sig convoitaient ces mêmes terres et s'étaient réunis pour les acquérir au prix de deux millions quatre cent dix mille francs, réservant une partie du territoire aux capitalistes de la métropole ; je m'empressai de souscrire le solde avec garantie du paiement de la souscription totale jusqu'à concurrence de 500,000 fr. C'est ainsi que je me suis trouvé engagé dans cette question de l'Habra qui a si vivement préoccupé l'opinion en Algérie, et dont je vais retracer l'histoire et la singulière fortune, certain qu'il en sortira quelques enseignements utiles pour l'avenir de la colonie.

II.

Les évènements d'Amérique tournèrent naturellement les esprits vers la production du coton. La presse s'en occupa; le gouvernement, dans son langage officiel, fit supposer qu'il prenait à cœur cette question et qu'il encouragerait efficacement tout ce qui se rattache à la culture cotonnière. Aussi y eut-il un moment d'émulation générale. A Mulhouse, la Chambre de commerce prit l'initiative; une commission nommée sous la présidence de M. Engel-Dollfus se proposa d'apprécier les ressources véritables de l'Algérie sous le rapport de l'approvisionnement de nos manufactures. Cette commission, composée des principaux représentants de l'industrie alsacienne, s'appuyait sur des reconnaissances préliminaires, et dans une série d'études publiées sous ce titre : *Une question d'avenir*, le secrétaire du comité avait traité la question sous toutes ses faces. En même temps, on vit se coordonner les éléments d'associations puissantes, sous le patronage des noms les plus honorables, les plus estimés dans l'industrie et le commerce. Messieurs Richard Cobden, et Thomas Bazley, à la tête de la *Compagnie de la Tafna ;* Pouyer-Quertier, E. Feray d'Essonnes, Jean Schlumberger, à la tête de la *Compagnie des cotons algériens ;* le comte d'Hauterive, A. Gros, A. d'Allens, à la tête de la *Compagnie anglaise de l'Habra ;* enfin, MM. E. Masquelier, du Hâvre, etc, à la tête de la *Compagnie franco-oranaise*, firent augurer les plus heureux résultats. L'assentiment public encourageait les promoteurs de ces entreprises qui fixaient l'attention générale et apparaissaient aux yeux de tous comme une mesure de salut. Un économiste distingué, M. Louis Reybaud, dans son excellent livre *Le Coton*, fit surtout ressortir les avantages de la Compagnie anglaise de la Macta.

Le croirait-on cependant? aucun résultat n'a couronné ces efforts. De toutes les entreprises commencées, pas une n'a abouti. Si, comme il arrive toujours dans de semblables circonstances, quelques-unes, défectueuses dans leur principe, ne présentaient pas pour l'avenir de garantie réelle, personne ne se serait douté cependant que toutes partageraient le même sort dans une commune infortune, que toutes viendraient se briser contre la force d'inertie et le droit de possession de méthodes administratives imparfaites.

Après avoir énoncé les causes générales qui ont déterminé la disparition de ces compagnies, il serait trop long d'entrer dans le détail des causes particulières. Je me bornerai à citer quelques faits, mon but n'étant de parler ici que des compagnies auxquelles j'ai succédé : celle dite *anglaise* des terres de l'Habra, et la *Société oranaise*.

La Compagnie anglaise de la Tafna aurait échoué devant la fin de non-recevoir du général Deligny qui ne pouvait répondre, assure-t-on, ni de la tranquillité du pays, ni de la sécurité des colons de la Compagnie, si elle s'établissait dans la subdivision de Tlemcen. Il ne semble pas que l'insuccès de l'entreprise tienne à d'autres causes, cette assertion de son agent, M. Deby, bien que reproduite dans plusieurs journaux, n'ayant jamais été démentie.

De même, la Compagnie des cotons algériens liquidée peu après sa création, reconstituée par MM. Maurice de Franclieu, le comte de Dax, le vicomte de Jousselin, etc., etc., société bien connue par ses nombreuses annonces, s'appuyait sur un capital de 25 millions de francs pour perfectionner et développer la culture du coton en Algérie, dans l'intention de pousser en même temps à l'amélioration du sol, à l'accroissement de ses produits, au développement de l'industrie agricole. Tout ce programme devait se réaliser sur des terres concédées dans le bassin du Chélif; la concession avait été promise à la première compagnie, qui s'exprimait ainsi : « Les cultures se feront en principe « sur une surface de 10,500 hectares, situés dans « les départements d'Oran et d'Alger, et dont S. Exc. « M. le maréchal gouverneur général de l'Algérie a, « par sa déclaration du 10 mai dernier, assuré la pro- « priété à des conditions très favorables aux fondateurs « de la société. »

Me trouvant à Orléansville, en mai 1863, j'appris que ces terres promises n'étaient plus disponibles : celles qui avaient dû être concédées étaient reconnues propriétés individuelles par titres authentiques dont plus de cent remontaient à des siècles. La société, attendant en vain ces terres, se transforma en société financière.

La Compagnie anglaise de l'Habra et la Compagnie oranaise ne persistèrent pas davantage lorsque parut le cahier des charges de la vente des terres, rédigé par l'administration d'Alger. Elles ne pouvaient acquérir les terres qu'à la condition d'exécuter tous les travaux de desséchement et d'irrigation évalués à 2,440,000 fr. Ces conditions m'avaient fait pressentir la retraite de la Société oranaise dès le mois d'avril. Je l'engageai néanmoins, avec de vives instances, à persévérer dans ses efforts et à se soumettre, dans l'intérêt général, aux sacrifices imposés. Mais il n'en fut pas ainsi; une lettre du 12 mai m'apprit ses résolutions en ces termes :

« Personne ne pourra accuser la Compagnie oranaise « d'avoir déserté le champ de bataille ; c'est pour ache- « ter et exploiter la terre et non pas pour exécuter un « grand travail d'utilité publique, qu'elle s'est consti- « tuée, et — nous avons le droit de le dire — très- « solidement constituée. Peu nous importe ce que dira « le public; nous relevons de notre conscience et nulle- « ment d'une opinion si souvent égarée, si souvent « éloignée de la vérité. Pourquoi donc l'État recule-t- « il aujourd'hui, pourquoi renonce-t-il à faire le « barrage dont jusqu'à présent il s'était montré si « désireux de se charger? N'est-ce pas dans la crainte « de voir les évaluations primitives considérablement « dépassées qu'il veut déverser le risque sur les épaules « d'une compagnie? Doit-il s'étonner de ce que les

« particuliers hésitent dans une tâche qu'il vient de « répudier lui-même si subitement ? C'est dès le prin- « cipe qu'il devait appeler les compagnies à concourir « pour l'exécution du barrage ; aujourd'hui sa retraite « ne peut produire que le plus mauvais effet et achève « de nous prouver qu'on ne veut pas sérieusement la « colonisation de l'Algérie, ...»

L'impression produite par le cahier des charges sur la Compagnie anglaise ne fut pas meilleure. Cette société fut réduite à se dissoudre également, en dépit des bonnes intentions de son directeur, M. Burot, qui m'écrivait encore à la date du 12 mai :

«.... Malgré la décision du Conseil d'État nous serons, «j'en suis convaincu, même avec des éléments meilleurs, «en mesure de nous présenter aux enchères des terres «qui étaient presque déjà notre propriété.»

Les concurrents pour l'achat des terres de l'Habra furent appelés au Conseil d'Etat pour présenter à la section algérienne les objections qu'ils jugeraient nécessaires. Mais quand M. Burot connut le cahier des charges fait à Alger, il s'abstint complètement. Je considérai cette abstention comme la preuve évidente d'une retraite définitive : les faits ont depuis justifié mes appréhensions.

III.

Placée sous le patronage immédiat du gouvernement général, la Compagnie anglaise de l'Habra réunissait toutes les chances d'une prompte réussite. Un traité de S. Exc. le duc de Malakoff, signé le 25 juin 1862, avait concédé à deux Anglais, MM. Moore et Melhado, sauf ratification de l'Empereur, 24,100 hectares de terres du domaine de l'Etat, situées dans le bassin de l'Habra. Le traité fixait le prix des terres à 2 millions de francs avec engagement de l'Etat de construire à ses frais le barrage et les travaux de desséchement et d'irrigation nécessaires pour l'exploitation des terres concédées. Nous n'avons pas de preuves positives des causes qui ont empêché la société formée par Melhado et Moore d'aboutir. Une chose est certaine, c'est qu'en novembre 1862 cette Compagnie anglaise qui annonçait un capital de 25 millions et sur laquelle l'opinion fondait tant d'espérances, n'avait pas encore rempli les formalités indispensables à son autorisation.

Et cependant les représentants de cette Compagnie avaient obtenu des conditions très avantageuses. Ses obligations se bornaient, en effet, à verser un cautionnement de 200,000 fr. et à compléter la somme totale de 2 millions à mesure de l'achèvement des travaux, sans avoir à solder un excédant de dépenses possible que pouvait avoir l'Etat. Rien n'obligeait les concessionnaires à mettre leurs terres en culture. La plaine mise en parfait état d'irrigation ne coûtait pas à la compagnie plus de 80 fr. l'hectare. La société pouvait réaliser de magnifiques bénéfices, son intention étant de revendre ce territoire aux colons, puisqu'on lit en tête de son programme : «....... La « vente d'une partie des terres défrichées et irriguées « couvrira probablement la mise de fonds.»

La cession des terrains de l'Habra à des étrangers mit en émoi la province d'Oran. Faute de terres irrigables dans la proximité de leurs plantations, les anciens colons ne pouvaient développer leurs cultures ; aussi, dès que les conditions faites aux Anglais leur furent connues, se montrèrent-ils prêts à payer les mêmes terres à un prix bien plus élevé. Ils se réunirent en association, vers le milieu d'octobre, sous le nom de *Compagnie Franco-Oranaise*, afin de solliciter les terrains promis à Melhado. Le but de la société n'était pas d'exploiter en commun cette concession, chaque membre se proposait de mettre son lot particulier en culture aussitôt après la mise en possession. La demande des colons admise avait pour résultat immédiat l'installation de 150 à 200 familles dans la plaine de l'Habra, la fécondation du sol sur une vaste étendue, et une forte production cotonnière.

L'équité et la justice commandaient un examen sérieux de la proposition des colons. Payant de leur personne, éprouvés par de longues déceptions, familiarisés avec le sol et le climat de l'Algérie, ils avaient su vaincre des difficultés que des Compagnies d'actionnaires ne traversent pas jusqu'au terme. Ils avaient appris à leurs dépens (le cimetière de St-Denis du Sig nous rend ce triste témoignage), combien il en coûte pour vivifier une terre depuis longtemps abandonnée, combien il faut d'années et de victimes pour arriver à une salubrité parfaite. Les plus rapides résultats pouvaient être obtenus par l'établissement de colons dans les plaines de l'Habra où l'organisation du travail devenait d'autant plus facile que la plupart n'étaient pas des nouveaux venus en Algérie.

Telle fut l'activité des souscriptions que la Compagnie oranaise se constitua, sans le moindre appel à la publicité. Le 24 novembre, le comité formé par les principaux souscripteurs adressa une demande au gouverneur général[1]. En l'absence du maréchal Pélissier, le sous-gouverneur répondit, le 17 décembre, que l'administration algérienne ayant contracté des engagements avec les représentants d'une Compagnie anglaise, elle ne pouvait instruire de nouvelle demande, à moins que cette Compagnie ne fût déclarée en déchéance pour n'avoir pas justifié en temps utile de la souscription de son capital[2].

On refusait donc d'instruire à Alger la demande des colons qui ne pouvait être soumise au conseil d'État sans cette condition. De la sorte, la Compagnie anglaise évitait toute concurrence; sa demande, présentée seule au Conseil d'État, recevait une solution définitive sans avoir même à subir la concurrence des colons, unique moyen de résoudre le débat d'une manière équitable. Loin de nous le désir d'enlever une décision en faveur des Oranais; nous acceptions sans regret un échec, si l'on trouvait une combinaison plus favorable à la colonie. Ce que nous eussions déploré, c'est la cession de la plaine de l'Habra à des étrangers, avec le refus formel d'examiner la demande des colons.

Heureusement, ceux-ci trouvèrent un protecteur à Paris. Une lettre du cabinet de l'Empereur, datée du 11 décembre, rendit la confiance aux sociétaires du Sig et releva leur courage abattu. En conséquence, le comité provisoire de la Compagnie ayant obtenu l'exa-

1. Voir pièces justificatives, p. 61.

2. Voir pièces justificatives, p. 64.

men comparatif de son dossier et de la demande des Anglais par le Conseil d'État, chargea un de ses membres de défendre à Paris la cause de la Société et de hâter l'étude de la question en instance.

Pendant que le représentant de la Compagnie oranaise donnait aux personnes compétentes les éclaircissements nécessaires et en recevait des marques réelles de sympathie, je m'adressai directement à l'Empereur, et, n'ayant pu obtenir d'audience, j'exposai, par écrit, à Sa Majesté la situation à la date du 6 janvier 1863[1].

Deux mois s'écoulèrent avant que la demande des Oranais arrivât officiellement au Conseil d'État. Après bien des retards, les deux demandes subirent enfin un examen simultané; la Compagnie anglaise prit de la consistance, et une lettre publiée vers la même époque par l'*Industriel alsacien*[2], m'apprit qu'elle s'associait les personnes les plus honorables, entre autres MM. le comte d'Hauterive, A. Gros, A. d'Allens, Fréd. Dumont, Roux de Clausayes, capables de donner une impulsion réelle à ses entreprises cotonnières. Les deux Sociétés en instance auprès du Conseil d'État se trouvant dans des conditions également honorables, l'essentiel était d'aboutir afin de commencer les cultures.

La question du coton prenait une importance qu'elle n'avait jamais eue; on la discutait avec une vivacité inquiète, et, à la tournure que prenait ce grave débat,

1. Voir pièces justificatives, p. 65,

2. Pièces justificatives, p. 67.

il fallait reconnaître qu'il était l'objet principal des craintes et des espérances du moment.

L'assemblée législative en fut saisie. Plusieurs députés, et parmi eux M. Lefébure, du Haut-Rhin, qui avait bien voulu s'associer aux colons oranais pour leur prêter l'appui de sa position officielle, attirèrent l'attention du gouvernement sur la question par un amendement ainsi conçu :

« Quelle que soit l'issue d'un si déplorable conflit, « nous espérons, Sire, que le gouvernement de Votre « Majesté mettra en œuvre tous les moyens nécessaires « pour éviter, autant qu'il est en son pouvoir, le retour « de perturbations économiques semblables à celle qui « éprouve aujourd'hui le pays et dont il continuerait à « être menacé par le maintien d'une dépendance com- « merciale trop étroite vis-à-vis des États américains.

« Le développement sur une large échelle de la cul- « ture du coton dans plusieurs de nos colonies destinées « à devenir des centres producteurs importants, telles « que le Sénégal et l'Algérie, en particulier, contribue- « rait puissamment à assurer des approvisionnements « constants et réguliers à notre industrie manufactu- « rière[1]. »

L'amendement reçut de la Chambre un accueil favorable ; on le retira néanmoins sur la promesse formelle de M. Magne, ministre sans portefeuille, « que le gou- « vernement ne négligera rien pour aider et faciliter les « entreprises relatives à la production du coton, afin « qu'elles puissent se mettre à l'œuvre le plus tôt « possible. »

1. Séance du 9 février 1863.

Cependant, rien n'avançait. Les lenteurs se prolongeaient indéfiniment, et déjà une nouvelle année était perdue pour la culture. Ce retard me détermina à rappeler à M. Magne ses promesses. Ne parvenant pas à le voir, malgré l'audience qu'il m'avait fixée, je lui écrivis afin d'insister sur une solution définitive[1].

Cette solution tant désirée arriva en avril. Le conseil d'État avait décidé que les 24,100 hectares de l'Habra seraient vendus, par lots, aux enchères publiques; mais le gouvernement modifia cette décision en ordonnant la vente de ces terres en un seul bloc, à charge, pour l'adjudicataire, d'exécuter tous les travaux à ses frais et risques. L'administration, à Alger, dut s'occuper immédiatement de cette affaire, à laquelle l'Empereur s'était *personnellement intéressé* en réclamant l'urgence.

Je me trouvais à Alger même quand m'arrivèrent ces nouvelles. Peu de jours après, j'acquis à Oran la conviction qu'on s'occupait d'une manière sérieuse de la rédaction du cahier des charges. M. le général Deligny, qu'on disait hostile au projet de l'Habra, fit tout au contraire à mes projets un accueil fort bienveillant, et m'engagea beaucoup à persévérer. La combinaison adoptée pour la vente des terres nécessitait une réorganisation de la Compagnie oranaise: je m'occupai du cautionnement et de la rédaction des nouveaux statuts. En définitive, l'avenir se montrait sous de meilleurs auspices, tous nos efforts allaient enfin

1. Voir les pièces justificatives, p. 71.

être couronnés, et je voyais déjà les terres de l'Habra couvertes de cotonniers et de récoltes. Hélas ! l'illusion ne dura pas ; mes espérances s'évanouirent bien vite : j'avais compté sans le gouvernement général de l'Algérie.

Au cahier des charges fait à Oran, l'administration d'Alger en substitua un autre. A mon retour, je le vis à Paris, mis à l'étude par le Conseil d'État, et quand les clauses en furent connues dans la province d'Oran, tous les souscripteurs se retirèrent malgré l'article 13 où il était dit :

« Dans le cas où les souscripteurs ne trouveraient « pas le prix d'acquisition à leur convenance, ils pour- « raient se retirer, et M. Herzog ferait une affaire per- « sonnelle de leur souscription, dans l'effet de laquelle « il serait de plein droit substitué.

» Le souscripteur qui se retirerait de l'association, « devra signifier sa résolution à M. Herzog, au siége « de la Société, par acte extra-judiciaire, dans les dix « jours de la vente, si elle se fait en France, et dans « les vingt-quatre heures, si elle a lieu en Algérie.

« Et le souscripteur dont il s'agit pourra reprendre « immédiatement les sommes par lui versées. »

Les capitaux ont un emploi fructueux en Algérie ; l'intérêt légal y est à 10 p. 100, et les souscripteurs de la nouvelle Compagnie oranaise ne voulant pas immobiliser des sommes dont ils peuvent tirer un parti si fructueux, se sont retirés. Je restai donc seul à poursuivre l'œuvre de la colonisation dans l'Habra.

IV.

Dans la phase nouvelle où venait d'entrer la question de l'Habra, l'intervention de compagnies quelconques pour l'assainissement et la mise en culture de la plaine n'était plus nécessaire. Il était loisible à chacun de se présenter à l'adjudication, sauf à remplir les conditions imposées par le cahier des charges. L'occasion était belle pour donner un exemple vigoureux de colonisation et de culture : je me décidai à lutter jusqu'au bout. Du reste, ayant visité tout le bassin de l'Habra, pour en étudier la conformation et les ressources, j'agissais en connaissance de cause.

Soutenu par les encouragements bienveillants de plusieurs membres de la section d'Algérie au conseil d'État [1], je pouvais espérer que le cahier des charges subirait quelques modifications susceptibles de faciliter l'exécution des travaux. Tout d'abord, je pensai à m'aider du concours de la Compagnie anglaise pour l'acquisition en commun des 24,100 hectares, sauf à les partager immédiatement après l'adjudication. Les deux entreprises concourant au même but, pouvaient exciter de la sorte une émulation réciproque. Mais la Compagnie anglaise avait compté sur une concession et non sur une adjudication. Son directeur, M. Burot, me fit observer, avec beaucoup de logique, qu'elle n'avait plus qu'à se dissoudre. La situation avait bien changé. Outre les engagements contractés avec les

1. M. Maigne, l'honorable rapporteur qui avait pris si vivement à cœur les intérêts de l'Algérie, est mort depuis ; c'est une perte bien regrettable, surtout pour la cause de la colonie dont il était un défenseur sincère.

premiers fondateurs, cette Compagnie avait eu des frais considérables en retour desquels elle se croyait autorisée à demander une indemnité. Pour se présenter à l'adjudication, il fallait une reconstitution complète qui la débarrassât des liens et des charges du passé. Force me fut donc d'agir seul.

Appelé à la section de l'Algérie du conseil d'État, je lui communiquai mes idées sur les modifications nécessaires pour arriver à une prompte exécution. Le cahier des charges devait être discuté en séance publique, le 14 juillet, et l'adjudication pouvant être décidée pour fin septembre, toutes mes précautions étaient prises pour m'y présenter. Sincèrement dévoué à la cause de l'Algérie, je m'étais engagé par écrit à paraître aux enchères, alors que l'œuvre se trouvait abandonnée de tous.

Mais mon dévouement ne devait pas être mis à cette dure épreuve. Le Conseil d'État trouva incomplets les projets soumis à son examen par le gouverneur général : il fallut demander à Alger un supplément d'études. Dans l'intérêt général, comme dans celui de l'adjudicataire, il lui importait que toutes les évaluations fussent d'une exactitude rigoureuse. On évitait ainsi les déceptions, toujours fatales au début de grandes entreprises, et le Conseil d'État pensa devoir suspendre sa délibération jusqu'à l'arrivée des projets complètement arrêtés.

Cette décision fut prise le 14 juillet 1863. Le 25 juin 1862, treize mois auparavant, le maréchal gouverneur de l'Algérie avait signé son traité de concession aux Anglais.

Résigné à tout pour arriver au but que je poursuivais avec tant de ténacité, j'attendis en restant sur la brèche; et ce fut seulement au mois de novembre que l'étude complète arriva au ministère de la guerre.

Comme il importait de regagner une partie du temps perdu par toutes ces lenteurs, j'avais tout préparé pour une étude prompte et sérieuse de l'ensemble du projet. Des ingénieurs compétents dans ces questions, et par leur longue expérience, et par leurs études spéciales, m'avaient promis leur concours, et je m'étais abouché avec des entrepreneurs. Je partis pour Paris, afin de prendre copie des plans et des études. De cette façon, j'étais tout prêt le jour de l'adjudication, et je pouvais me mettre à l'œuvre dès qu'elle serait approuvée. On m'avait bien signalé des changements importants dans le cahier des charges, mais j'espérais les faire modifier en partie. Les dépenses, fixées d'abord à deux millions, étaient définitivement évaluées à trois millions cinq cent mille francs, même avec l'abandon du canal de Perrégaux, qui devait coûter 245,000 fr. Contrairement à mon attente, je ne trouvai pas les plans de la concession et des travaux au ministère de la guerre. Le Conseil supérieur des ponts et chaussées avait reçu ces documents pour les soumettre à un nouvel examen; on devait me faciliter les moyens de les consulter chez le rapporteur : pour des motifs que j'ignore, on n'y donna aucune suite.

L'épreuve durait depuis trop longtemps, et j'avoue que mon courage faiblit. Mais tout ce qui pouvait me rester d'illusion tomba l'orsque j'acquis, pour ainsi dire, officiellement la certitude que l'élément arabe était seul en faveur. Les colons paraissent n'avoir aucune des sympathies du gouvernement, ni à Alger, ni à Paris, et, fatalement, l'administration qui régit l'Algérie en est venue à cette extrémité malheureuse de considérer tout essor de la colonisation comme une atteinte à ses prérogatives. Tout progrès devant amener des tendances contraires à l'obéissance passive qui est le fond de son régime, elle prévient ces tendances et sacrifie le progrès.

Je ne me suis pas trompé dans mes prévisions. Le général Allard, commissaire du gouvernement à l'Assemblée législative, a bien annoncé à la séance du 24 janvier l'adjudication des terres de l'Habra, mais cela sans fixer aucune époque. Quelle que soit la diligence apportée à cette mesure, l'adjudication, fût-elle appprouvée aujourd'hui[1], ne pourrait avoir lieu avant la fin de juin. Une nouvelle année était perdue pour le développement de la culture du coton en Algérie. La grande pénurie de matière première a beaucoup diminué depuis un an; elle aura disparu en 1865. Je me suis occupé de la production cotonnière en Algérie pour atténuer les effets de cette pénurie; mon intervention n'ayant plus l'actualité qui pouvait motiver un éloignement presque constant de mes affaires, et de ma

1. Le *Constitutionnel* du 3 avril annonce qu'un décret, signé par l'Empereur, le 12 mars 1864, a ordonné la mise en adjudication des terres de l'Habra ; je fais des vœux sincères pour une prompte adjudication suivie d'un résultat satisfaisant.

famille, j'ai dû renoncer à des projets, désormais sans opportunité.

V.

La plaine de Ceirat ou de l'Habra, située dans la province d'Oran, se lie à l'ouest à la plaine du Sig qui s'étend sur une longueur de trente kilomètres, au pied du Djebel-el-Djira. A douze kilomètres de la mer, l'Habra reçoit le Sig, et la réunion des deux rivières constitue la Macta, vaste espace marécageux où s'accumulent toutes les eaux qui tombent dans le bassin, et dont le trop plein se déverse par une embouchure fort basse dans la Méditerranée.

L'ensemble de ces deux plaines offre la forme d'un vaste cirque, dont le grand diamètre a 50 kilom. de longueur. Une ceinture continue de montagnes appartenant au terrain tertiaire, enveloppe ce cirque. Ni le Sig, ni l'Habra n'ont d'affluent considérable dans la plaine ; et les petits cours d'eau qui viennent des montagnes voisines, tarissent et se perdent dans les terres d'alluvion dont la plaine est complètement formée.

Par suite de la faible inclinaison du sol, les eaux et les pluies d'hiver produisent dans les parties basses de grands marais. En été, ces marais se dessèchent, et les miasmes pestilentiels qu'ils exhalent refluent vers l'intérieur, poussés par la brise de la mer, et y entretiennent des fièvres meurtrières. Au nord, la plaine de l'Habra est limitée par un plateau de 50 à 60^{m} d'élévation, s'étendant du vieil Arzew à Mostaganem, avec une coupure de quelques kilomètres, par où débouche la Macta. Les vents et les courants, en formant une ligne de dunes, ont reculé l'embouchure de la rivière vers l'ouest, jusqu'au pied d'une vallée rocheuse qui arrête les sables.

L'assainissement de la contrée tenant au dessèchement des marais, on a pu penser qu'il suffirait d'une coupure dans les dunes pour rectifier le cours de la rivière et faciliter l'écoulement des eaux; mais la différence de niveau entre le marais et la mer est si peu sensible, que souvent les flots de la Méditerranée refluent au delà du pont de la Macta. La rivière, saumâtre jusqu'à un kilomètre au-dessus de ce pont, est très-poissonneuse et peuplée d'espèces qui vivent également dans l'eau douce et dans l'eau salée [1].

1. Le nom de la Macta évoque des souvenirs tragiques; un des faits d'armes les plus considérables de notre guerre d'Algérie, si féconde en épisodes émouvants, s'est accompli sur ses rives. Le 28 juin 1835, le général Trézel, plus brave que prudent, y subit un grave échec. Vainqueur dans un combat livré l'avant-veille à des forces supérieures, il avait écouté au Sig les propositions de paix d'Abd-el-Kadre, mais n'ayant pu s'accorder avec l'émir, il se hâta de diriger ses blessés sur Arzew. Les Arabes, que la faiblesse de notre petite colonne avait rendus audacieux, attendaient le convoi dans l'espace compris entre la Macta et les collines environnantes. Des nuées d'ennemis enveloppèrent cette poignée de braves; mais ni le courage ni le dévouement de Trézel ne purent triompher de forces dix fois supérieures. Rien ne saurait rendre les prodiges de cruauté accomplis par les bandes de l'émir qui, devenues maîtresses du convoi, signalèrent leur succès par le massacre des malades et des blessés restés en leur pouvoir.

La mâle résignation de Trézel, à l'issue de ce malheureux combat, n'est pas sans grandeur. Le rapport où ce général rend compte de son échec, a quelque chose de noble et d'antique. Voici ses paroles : « ..... J'avais perdu « dans ce fatal combat des espérances qui me semblaient raisonnables, mais « il fallait vaincre pour qu'elles fussent réalisées; sans doute, j'avais trop « compté sur nos forces et trop peu sur celles des Arabes; mais l'engagement « du 26 et toutes les affaires auxquelles j'ai pris part depuis trois ans, en « Afrique, excusent peut-être cette présomption. Quoi qu'il en soit, je suis

Une simple rectification de l'embouchure de la Macta serait insuffisante pour le dessèchement des marais, à cause de la faible inclinaison du terrain. Chaque hiver, les eaux tombées dans le bassin de l'Habra et du Sig, d'un ensemble de 1,070,000 hectares et évaluées à un volume de 4,920 millions de mètres cubes, s'accumulaient dans les bas fonds de la plaine et la transformaient en marécages. Il y a peu d'années, les environs de la petite ville de Saint-Denis, si prospère maintenant, en partie formés de marais, ont été complètement desséchés par l'établissement d'un barrage réservoir sur le Sig.

La première idée de ce barrage construit à l'entrée de la gorge rocheuse, en amont de Saint-Denis, remonte à l'époque romaine. Reprise par le génie, au commencement de l'occupation française, il fut achevé par le service des ponts et chaussées, en 1858, sous l'intelligente direction de M. Aucour, ingénieur en chef de la province d'Oran. La rivière du Sig, dont le débit moyen ne dépasse pas, en été, 200 litres, subit des crues momentanées qui l'élèvent à 200 mètres cubes par seconde. Le barrage prévient les effets toujours désastreux de ces inondations, et retient une partie des eaux d'hiver dans un grand bassin, d'une contenance de quatre millions de mètres cubes. Construit

« *oppressé* par le poids de la responsabilité que j'ai prise, et me soumettrai « sans murmure au blâme et à toute la sévérité que le gouvernement du roi « jugera nécessaire à mon égard, espérant qu'il ne refusera pas de récom- « penser les braves qui se sont distingués dans ces deux combats. Les jours « de défaite font connaître les hommes fermes, et je ne signalerai que ceux-là « aux bontés du roi [1] ».

1. *Moniteur* du 25 juillet 1835.

en maçonnerie, il a quinze mètres de hauteur entre la prise d'eau et le déversoir. En 1863, il a été complètement rempli et déversa même à plusieurs reprises. Depuis l'établissement de ce réservoir, les conditions hygiéniques de la ville du Sig se sont améliorées à un tel point, que les fièvres paludéennes sont devenues une exception; la mortalité n'y est pas plus forte que dans les régions les plus salubres de la France. Cet immense résultat réalisé ne pouvait rester sans influence sur l'assainissement des marais de la Macta.

En effet, le barrage de l'Habra, au-dessous du confluent de l'Oued-Fergoug, à 8 kilomètres en amont du petit village de Perrégaux, fut proposé peu après la construction de celui du Sig. Suivant le projet de l'ingénieur en chef, la hauteur totale de ce barrage devait être de 31 mètres. Afin de réserver un espace suffisant pour les atterrissements, l'élévation entre le déversoir et la prise d'eau n'était que de 16 mètres, suffisante pour un volume de 30 millions de mètres cubes sur une surface de 250 hectares. Comme on évalue à environ 3,910 millions de mètres cubes l'eau à utiliser dans le courant d'une année, le bassin réservoir pouvait être rempli plusieurs fois.

En Algérie, et dans la province d'Oran surtout, les irrigations sont utiles pendant toute l'année, bien que les céréales n'en exigent qu'en hiver pour donner d'abondantes récoltes. Mais la création d'un vaste réservoir qui assurerait l'emploi régulier de l'eau durant toute l'année, avait pour conséquence immédiate la fécondation de 36,000 hectares de bonnes terres, l'établissement de vastes cultures industrielles, la suppression des marais et par suite des maladies qu'ils engendrent sans cesse. En ce moment, plus des deux tiers de ces terres dorment inutiles, servant de pacage pendant deux mois à peine, durant lesquels les fortes chaleurs dessèchent une partie des marécages.

Le barrage pouvait être construit moyennant des travaux relativement peu considérables. Quelques canaux d'écoulement creusés dans les marécages et servant en même temps de déversoirs aux eaux d'irrigation, assainissaient la plaine. On amenait les eaux promises au centre de Perrégaux, par un canal qui, longeant la base des montagnes au-dessus du lit actuel de l'Habra, eût fécondé ces terrains sur tout son parcours. La pente assez rapide du canal rendant facile l'établissement de chutes si rares dans la plaine, provoquait la création de moulins et d'usines de tout genre si utiles dans un pays où la force mécanique remplace avantageusement une main d'œuvre rare et chère.

Un espace de quelques centaines de mètres seulement sépare Perrégaux de l'Habra. La rivière serpente au milieu d'une forêt de tamarins de l'aspect le plus riant. Le centre du village, établi sur un plateau bien au-dessus du lit de l'Habra, se trouve complètement dépourvu d'humidité. Créé depuis six ans, sur des terres concédées gratuitement, avec la seule obligation de bâtir, Perrégaux est appelé à de grands développements. Il ne possède encore ni église ni prêtre. Les habitants attendent avec résignation que le gouvernement veuille bien leur donner l'eau qu'il leur a fait espérer depuis longtemps; à défaut, ils se contentent du liquide saumâtre que fournit, à 25 mètres de profondeur, un puits creusé au milieu d'une grande place déserte.

L'abandon, l'oubli au sein duquel vit une population si courageuse ne pouvait manquer d'exciter ma sympathie. J'avoue que l'intérêt qu'elle a su m'inspirer a beaucoup contribué à me faire persévérer dans mes projets sur l'Habra, et je dois ajouter que la même raison a achevé de me décourager quand je les sus complètement sacrifiés par le gouvernement d'Alger dans le dernier projet pour la vente des terres[1].

Les habitants de Perrégaux, moins heureux que leurs voisins de l'Habra, dont les terres sont situées dans la plaine, sur les bords mêmes de la rivière, attendent le barrage comme un bienfait céleste. Lorsque

1. En fait de gouvernement civilisé, les habitants de Perrégaux n'ont qu'un poste de gendarmes qui demeure loin du centre, dans un caravansérail isolé, et ne peut, par cette raison, le garantir des déprédations des Arabes, et souvent de leurs crimes. A mon dernier passage à Perrégaux, j'y ai visité une pauvre femme, veuve depuis huit jours. Son mari, ancien soldat de l'armée d'Afrique, jeune encore, avait été assassiné, un soir, dans sa charrette, par des Arabes, sur le chemin du Sig, à 3 kilomètres de Perrégaux. Le lendemain, on lui amenait son mari ensanglanté. Lorsque la Providence m'envoya vers cette veuve éplorée, l'aîné de ses enfants (il avait deux ans à peine), dormait dans son berceau d'un paisible sommeil, sans avoir conscience de son malheur ni du désespoir de sa mère prête à donner la vie à un second orphelin. Qu'allaient-ils devenir seuls, dans leur demeure solitaire, au milieu des emplacements de maisons non encore édifiées? Une brave femme qui m'avait accompagné dans cette triste visite, me racontait les travaux de la petite colonie, ses espérances pour l'avenir, le bien-être que l'eau leur apporterait, me détaillant en même temps ses petits drames de famille si pleins d'émotions. Depuis quelque temps, le village a un médecin, mais le médecin de l'âme manque encore; il n'y a pas de prêtre, et souvent leurs enfants naissent et meurent sans avoir reçu aucune bénédiction du ministre de Dieu. Ma conductrice en avait perdu deux : ils reposent là tout près dans cette terre desséchée. Lors du passage de l'évêque d'Alger, elle lui avait demandé de bénir ces tombes : sa demande fut exaucée, et depuis, me dit-elle, sa résignation est entière.

le gouvernement vendit 12,000 hectares des terres domaniales de la plaine, avec la promesse de faire des travaux, la rivière fut barrée, en effet, pour faciliter l'irrigation des cultures environnantes. Le coton, qui y vient d'une manière admirable, souffre souvent des inondations, comme il arriva au printemps dernier, où presque tous les cotonniers de seconde année périrent. Par une étrange anomalie, dans cette terre de soleil, les riverains du cours inférieur de l'Habra souffrent de la surabondance des eaux. L'écoulement régulier de l'eau leur est donc très-nécessaire, et les travaux de l'adjudicataire des 24,100 hectares, restant du domaine de l'État, profiteraient à toutes les terres cultivables de la plaine.

La plupart des colons de l'Habra sont d'origine espagnole. Ces hommes vivent de peu, supportent bien le climat, et se contentent de modestes abris. La zône limitrophe du territoire des tribus des Ferragas, des Cherabras, des Bordjias, est en pleine culture; les canaux d'irrigation et de dérivation la sillonnent en tous sens. La fécondité de ce sol est un fait prouvé par quatre années d'expérience.

Il y avait un moyen facile pour arriver dans un bref délai à une exploitation de toute la plaine. Dès que j'eusse été mis en possession des 24,100 hectares disponibles, je comptais tout d'abord couper la plaine par une route qui, partant de Perrégaux, aboutirait au pont de la Macta, à une trentaine de kilomètres. Je passais au milieu de la plaine pour m'arrêter au mamelon de Sbara, au milieu des marais. Une route perpendiculaire, établie à la hauteur de la tribu des

Bordjias, serait allée rejoindre, d'une part, la route d'Aïn-Nouissi à Perrégaux, de l'autre, le territoire du Krouff à Saint-Denis du Sig. De cette manière ces terres eussent communiqué à la fois avec Mostaganem par Aïn-Nouissi, avec Arzew, par la Macta, avec Saint-Denis du Sig, par le Krouff. Deux ports : Mostaganem et Arzew; deux stations du chemin de fer : Saint-Denis du Sig et Perrégaux, eussent donné une grande activité aux relations commerciales et agricoles. Un terrain assez vaste était réservé pour créer une ville à la Macta et quatre autres centres de populations, savoir : 1° vers la mer, à l'extrémité de la forêt de l'Habra; 2° au Sbara; 3° près du marabout de Sidi-Brahim, sur la rive droite; 4° à côté du marabout de Sidi-bou-Arza, sur la rive gauche; puis je divisais le territoire en parcelles de 15, 50 et 100 hectares.

Mes opérations commençaient sur le territoire limitrophe du lotissement des 12,000 hectares de l'Habra. Ce territoire, d'environ 4,000 hectares, pouvait être mis à la disposition des colons immédiatement, soit par vente à terme, moyennant des versements annuels, soit par location. L'acquéreur avait la facilité d'acheter selon ses moyens, quinze, cinquante ou cent hectares, en déboursant une faible somme. Avec un peu d'économie, il pouvait se libérer par le produit même de son travail. Un petit nombre d'années suffisait pour le rendre propriétaire et libre de toute charge.

Le lot en question pouvait être irrigué à l'aide du barrage déjà construit par l'administration, et d'un développement des canaux actuels. Les canaux de dérivation et d'irrigation, les routes, l'emplacement du centre projeté, de la forêt des tamarins, absorbaient ensemble près de 400 hectares, et j'eusse partagé les 3,600 hectares restants comme suit :

60 lots de	15 hectares.	900 hect.
30 —	50 —	1,500
12 —	100 —	1,206
	TOTAL. .	3,600

Des maisons avec écuries, remises et hangars, proportionnées à l'étendue de la concession, eussent été immédiatement construites sur la moitié des lots.

Les acquéreurs pouvaient, à leur choix, acheter un terrain avec ou sans constructions, et se mettre aussitôt à l'œuvre sans perte de temps, ni d'argent. Au centre de ce territoire, une ferme modèle (que j'eusse fondée), sous la direction d'un homme expérimenté, aurait indiqué aux colons les meilleurs modes d'exploitation. Un matériel perfectionné, tel que charrues, machines à battre, locomobiles, placé dans la ferme-modèle, eût été mis à la disposition des petits cultivateurs, moyennant une faible rétribution. Dans l'ensemble du projet, je destinais une ferme semblable à chaque centre, ce qui portait à cinq le nombre des établissements modèles sur l'étendue des 24,100 hectares.

Ce plan indique clairement que mon intention n'était pas d'entreprendre la grande culture, mais bien de faciliter et de stimuler par l'exemple de mes fermes modèles, placées dans chaque centre, l'exploitation directe de toute la plaine, par une petite colonie, propriétaire du sol. Un tel mode me paraît le moyen le plus efficace de produire des résultats féconds. Des cultivateurs, travaillant pour leur propre compte, parviennent seuls, à force de soins, de vigilance et d'efforts, à tirer de la terre tout le produit dont elle est susceptible, et, en Algérie, la terre n'est pas ingrate. Libres, exploitant leur lot sans entraves, les colons de l'Habra trouvaient à s'établir sans dépenses préalables de capitaux si chers et si rares en Algérie, et une centaine de familles se plaçaient peu de temps après l'adjudication.

Seulement après cette opération préliminaire je me serais occupé du barrage. Ce travail ne pouvant se faire qu'après la saison des pluies, il fallait l'entamer vigoureusement dès le mois de janvier ou de février, pour s'arrêter en septembre. Fait entièrement en maçonnerie, il exigeait plusieurs campagnes, mais, par là-même, on évitait les dangers d'un travail si sujet à des éventualités fâcheuses. Proportionnant le travail de chaque année aux besoins des terres livrées à la culture, la vallée était barrée par un mur solide construit sur une base rocheuse et affermi par des travaux à l'épreuve du poids et de l'impétuosité de l'eau déversant en forte nappe. L'épreuve de la première année, peu dangereuse en cas de rupture, devenait une garantie ou une expérimentation pour l'achèvement des travaux les années suivantes.

Admettant pour ce travail une durée de quatre ans et utilisant dès le début 4000 hectares, je pouvais livrer chaque année suivante 5000 hectares à la colonisation et à la culture. Ce développement graduel eût suffi pour occuper les 24,100 hectares ; il se trouvait proportionné à l'arrivée des colons et donnait un élan rapide à l'œuvre de la colonisation dans la province d'Oran. La puissance du mouvement était telle que, sans aucun doute, les centres projetés se seraient créés dans un délai de cinq années avec leurs établissements modèles; la culture cotonnière pouvait prendre ainsi de grands développements et des avances faites sur la récolte facilitaient les opérations.

Quant aux capitaux nécessaires pour la réalisation de ce projet, ils n'auraient pas été difficiles à trouver; bien des établissements de crédit pouvaient les fournir, les versements n'étant que successifs et se trouvant garantis par la valeur des constructions et des terres.

Je me suis longuement étendu sur la colonisation de l'Habra, parce que je crois qu'aucun effort n'est perdu ici-bas, et que ces idées pourront être reprises quelque jour. Chaque génération remplit sa part de travail, et souvent l'une opère avec facilité ce que d'autres n'avaient pu accomplir. La plaine de l'Habra est entourée de tribus arabes sur lesquelles la prospérité de nos cultures exercera une influence décisive. En voyant ces marécages se transformer en terres excellentes, couvertes de riches moissons, les indigènes rendront justice au génie du peuple chrétien, et stimulés par notre exemple, ils sortiront de leur indifférence fataliste pour se livrer, eux aussi, avec confiance, au travail, et n'attendront plus, couchés au soleil, qu'Allah leur envoie la manne céleste.

VI.

La conformation physique de l'Algérie n'est généralement connue que d'une manière imparfaite. Beaucoup de personnes, généralisant des renseignements partiels, la regardent comme un pays de plaines et de marécages, tandis que d'autres, jugeant de la contrée entière par les rochers de la côte, s'attaquent au renom de fertilité dont l'Afrique du nord est en possession depuis l'antiquité la plus haute.

En général, le littoral est montueux. L'Atlas traverse l'Algérie dans le sens de la longueur et de nombreux contreforts descendent des deux versants de la chaîne vers le désert et la mer. Le massif des Traras domine entre la frontière du Maroc et la Tafna. Oran, comme Alger, a son Sahel mamelonné. Depuis le Chélif jusqu'à l'embouchure du Mazafran, sur 60 lieues de longueur, et une profondeur de 10 à 12 lieues, s'élève, se ramifie la chaîne du Dahra. Celle du petit Atlas s'y relie par le Zaccar et forme l'hémicycle de la Métidja. Au delà de ce point, le système s'élargit, se complique, s'élève, et occupe toute l'étendue de la côte, jusque dans le voisinage de Bône. Vers l'intérieur, l'Ouarencenis fait face au Dahra, se porte à une plus grande hauteur et surpasse l'étendue de cette chaîne. Puis d'autres masses, le Djebel-Ammer, les Aurès, parallèles aux lignes précédentes, isolent le Tell du Sahara, comme celles-ci le séparent de la Méditerranée.

La proximité de la mer empêche un grand développement du système fluvial. L'Algérie ne présente pas, comme l'Amérique du Nord, ces routes liquides et mouvantes, d'un si grand secours pour la colonisation des États-Unis. Quant à la constitution géologique du sol, elle ne saurait être plus avantageuse. Presque tout le littoral est un terrain de transport très-meuble avec des couches d'argile toujours mélangées de détritus. Aucune roche n'apparaît à la surface et, à quelque profondeur qu'on ait creusé, on n'a trouvé que de l'alluvion formé d'une juste proportion d'argile et de sable. Telles sont les plaines de l'Habra, du Sig, de la Mina, dans la province d'Oran; la Métidja et le bassin du Chélif, dans celles d'Alger; les plaines du Saf-Saf, de Bône, de Bou-Merzouk, dans la province de Constantine.

Aux États-Unis, la ligne des côtes soumise à l'influence de l'atmosphère saline convient seule à la production des cotons longue-soie. La présence des lacs et des terrains salés, en Algérie, prolonge cette zône à de grandes distances vers l'intérieur. On y trouverait aisément cent mille hectares réunissant la condition simultanée d'humidité et de fraîcheur indispensable au cotonnier, qui réussit jusqu'à une altitude de 400 à 500 mètres. La seule province d'Oran peut donner plus de longue soie que n'en consomme la France. Dans les terres irriguées avec discernement, le rendement dépasse 120 kilogrammes de coton égrené ce qui est la production du Sea-Island dans la Caroline, la Floride et la Géorgie : une récolte de 100 kilos par hectare, obtenue dans des conditions normales, est remunératrice [1].

1. J'ai obtenu, cette année, à ma ferme du Bois-Sacré, au Sig, 859 kilgr. de coton non égréné, soit 220 kilogr. net par hectare, coton très supérieur et pouvant se comparer aux plus beaux produits des environs de Charlestown.

Il est certain que l'Algérie peut entrer en concurrence immédiate avec les autres pays producteurs; si quelques échecs patents se mêlent aux beaux résultats généralement obtenus, ces revers proviennent de la sécheresse et des mauvaises méthodes de culture. Les cotons courte-soie, l'espèce dite *Louisiane* notamment, produisent des quantités beaucoup plus considérables que les sortes fines; la culture en doit être préférée dans les terrains où le Sea-Island ne trouve pas les conditions convenables. En 1860, sur une récolte de quatre millions de balles, aux Etats-Unis, le coton longue-soie s'est trouvé dans le rapport de 1 à 100 avec les autres sortes, pendant qu'à la même époque cette proportion était de *cinq à un* en Algérie. Dans l'Inde, le rendement moyen ne s'élève pas au-dessus de 70 livres par acre, soit 80 kilog. par hectare, de coton très-médiocre. Pour la même étendue on l'évalue en Egypte où tout dépend également de l'irrigation, à 350 kilog., c'est-à-dire presque la production du Louisiane dans les Etats riverains du golfe du Mexique.

Le rendement dans notre colonie algérienne est sujet à bien des variations dépendantes des procédés plus ou moins perfectionnés de culture. Comme partout ailleurs, la production est relative aux soins donnés, et les frais de culture restent moins élevés dans les districts où les plants n'ont pas à craindre les gelées d'hiver et les inondations.

Je ne désire pas entrer dans de longs détails sur la culture du cotonnier qui a été l'objet de bonnes études de la part de M. Hardy, mais je ne puis m'empêcher d'insister sur l'influence très-considérable qu'exercent le choix des graines, la cueillette et l'égrenage sur la valeur des produits. Les capsules doivent être cueillies bien ouvertes et l'on ne saurait trop recommander de les égrener à l'état de siccité suffisante. Les filaments faibles au sortir de la capsule achèvent de mûrir au soleil; ils se solidifient et acquièrent de la souplesse avec une perte d'eau de 10 à 12 p. °/₀₀ de leur poids. Malheureusement les planteurs, et surtout les arabes, ont l'habitude de mêler à leurs récoltes des capsules non mûres et ouvertes avec force pour en augmenter le poids. Ce coton est faible. Jeté en tas avant d'être séché, il fermente, puis la plupart des planteurs le font passer aux machines sans éliminer les capsules défectueuses, ne recherchant que le fort rendement. En évitant ces inconvénients, on obtiendrait avec un léger surcroît de frais des cotons magnifiques, comparables aux plus beaux produits de la Géorgie.

Examinant maintenant les divers systèmes essayés par l'Etat pour étendre la culture cotonnière en Algérie, nous trouvons que les primes accordées n'ont donné à la production qu'un développement artificiel.

Les premiers encouragements datent de 1850. Vers cette époque le Ministre de la Guerre distribua aux colons qui en firent la demande, des graines venues d'Amérique. L'Etat achetait les produits à un prix fixé d'avance. Un décret impérial du 14 octobre 1853 régla ces achats, et des primes furent promises à l'exportation. Outre les prix provinciaux de 2000, 3000 et 5000 fr. accordés aux colons qui réaliseraient sur la plus grande échelle, les meilleurs produits, l'Empereur affecta un fonds de 100,000 francs, pris sur sa liste civile, pour être décerné sous le nom de prix de l'Empereur, à raison de 20,000 francs par an, durant cinq années, au planteur dont les cultures auraient le meilleur résultat. Sous l'impulsion de ces récompenses la culture du coton prit un prompt développement. De hardis planteurs envahirent la plaine du Sig d'abord, celle de l'Habra un peu plus tard. Sans ressources pour la plupart, sans matériel agricole, on les vit tracer des rigoles avec le soc de leurs charrues et semer les cotonniers. La terre vierge donna pendant deux ans des récoltes abondantes et l'exploitation, qui ne fut que de huit balles en 1853, s'éleva à 1400 balles en moins de quatre années.

L'Etat pensait avoir développé ainsi la culture du coton. Cependant une modification dans l'allocation des primes arrêta son essor. Les colons ne vendaient plus directement à l'administration, et les primes à l'exportation profitaient principalement aux intermédiaires, parce qu'ils ne pouvaient pas égrener eux-mêmes leurs cotons. Ils hésitèrent à poursuivre leurs plantations et une diminution d'un tiers s'ensuivit. Pour donner aux cultures une extension nouvelle n'ayant plus désormais d'autres limites que celles mêmes des terres irrigables, il ne fallut rien moins que la crise américaine.

Somme toute, j'eusse préféré aux primes un autre mode d'encouragement. Les produits obtenus par ce secours n'ont qu'une force d'emprunt et cessent dès que cette force leur manque. Le Gouvernement n'a pas atteint son but dans les encouragements essayés. Il s'est fait entrepreneur de culture et de colonisation :

telle n'est pas la mission de l'Etat. Ce qui lui revient d'une manière plus directe, ce sont les travaux d'utilité publique, la création de routes, de chemins de fer, de ports à la portée des récoltes, l'établissement des barrages et des travaux d'irrigation.

La prime est accordée au coton égrené, mais elle n'est pas attribuée au coton de seconde qualité, de sorte que l'égreneur a tout intérêt à ne pas faire de coton supérieur. Il mélange le tout et obtient ainsi un coton marchand que la commission gouvernementale ne peut pas refuser de primer. Si, au contraire, il fait un choix, s'il écarte les capsules avariées ou peu mûres, il obtient pour son coton supérieur une prime égale; mais la partie de qualité médiocre ne reçoit rien. La perte de la prime sur les cotons de second et de troisième choix qui est encore de 2 fr. 25 c. par kilogramme, ajoutée aux soins qu'exige le choix des sortes supérieures, dépasse de beaucoup la plus-value de ces sortes, bien qu'elle soit considérable. L'amélioration de la qualité ne pourra donc être réellement obtenue qu'avec l'extinction de la prime qui, par une diminution annuelle progressive, n'aura son terme que dans huit ans.

Le tableau de la situation des établissements français de l'Algérie établit ainsi la marche de la culture du cotonnier de 1851 à 1861.

	NOMBRE DE PLANTEURS.	ÉTENDUE CULTIVÉE.
1851 à 1852	109	45 hectares.
1852 à 1853	592	474 —

	NOMBRE DE PLANTEURS.	ÉTENDUE CULTIVÉE.
1853 à 1854	1417	1720 hectares.
1854 à 1855	726	1530 —
1855 à 1856	435	1925 —
1856 à 1857	494	1500 —
1857 à 1858	1005	2053 —
1858 à 1859	426	1475 —
1859 à 1860	333	1484 —
1860 à 1861	335	1209 —
1861 à 1862	113	1477 —

Ces chiffres indiquent une diminution progressive des plantations à partir du changement survenu dans l'allocation des primes. Malgré le développement pris par les cultures de 1862 à 1863, sous l'influence des événements d'Amérique, elles ne dépassèrent pas la limite atteinte en 1858, et combien encore ce progrès reste insignifiant comparé à ceux accomplis ailleurs et d'une manière spéciale dans le bassin de la Méditerranée.

L'Etat a fait de grands efforts, d'immenses sacrifices pour stimuler la production du coton ; mais dans l'état des choses actuel, la culture reste nécessairement stationnaire faute de terres irrigables.

Le Conseil général de la province d'Oran, se fondant sur un article de la loi du 16 juin 1851, qui donne à l'Etat le droit de concéder l'exploitation des eaux et canaux, se proposa de solliciter cette prérogative afin de faciliter les irrigations. Dès 1861, un vaste système de réservoirs devait être établi sur tous les cours d'eau de la province, mais la réalisation de cette mesure se trouva indéfiniment ajournée. Sa Majesté, prenant en considération un travail que j'avais eu l'honneur de lui soumettre, recommanda une étude complète du régime des eaux dans la province d'Oran; ce travail était terminé en juin 1863, mais, vu peu favorablement par l'administration algérienne, il est sans doute resté dans ses cartons.

La ville du Sig doit sa fortune à son barrage. La construction de semblables réservoirs sur la Tafna, le Saf-Saf, l'Isser, la Mékerra, l'Habra, le Riou, la Mina, la Djedjiouïa, cours d'eau les plus importants de l'Oranie, opérerait dans le sol de la province une transformation radicale. Ces huit bassins hydrographiques comprennent une superficie totale de près de trois millions de hectares. On peut évaluer à plus de deux cent mille hectares l'étendue irrigable au prix de dépenses que M. Aucour estime à dix millions. Cette dépense, d'après deux rapports officiels, promettait, après achèvement des travaux, un produit agricole brut de trente millions par an. La province, en principe, était chargée de l'exécution de ces barrages. Pour y faire face, on pouvait employer un moyen facile : l'emprunt. La province était à même, dans ce cas, de le contracter dans les meilleures conditions. Comme garantie elle pouvait offrir et ses ressources ordinaires et les redevances que lui paieraient les usagers de l'eau fournie par elle. En portant les redevances à 40 fr. seulement par hectare pour les cultures d'été et à 10 fr. par hectare pour les cultures d'hiver, chiffre encore bien bas, le revenu annuel de la province devenait susceptible d'atteindre, après la réalisation des travaux, le chiffre énorme de trois millions qui eût couvert l'emprunt en peu d'années. Sous l'influence des hauts prix du coton, la terre s'est louée dans l'Habra de 75 à 130 fr. l'hectare, sur les points irrigables; pour les terres sèches on ne payait que 10 fr. et moins encore. Aucun obstacle ne devait empêcher la réussite de cette combinaison, puisque le *Moniteur* du 29 mai 1863 indique un fait analogue dans la concession faite au département de la Loire, d'un canal destiné à arroser, au moyen des eaux de la Loire, une partie des terres du département. Le canal en question a été jugé d'utilité publique; le département le fait exécuter, et l'entretient à ses frais et risques, et l'article 3 du décret l'autorise à percevoir une taxe annuelle de 35 fr. par hectare arrosable. L'État contribue à la dépense pour un quart, sans, toutefois, que sa subvention puisse dépasser 1,112,500 fr.[1] Pourquoi le gouvernement ne ferait-il pas l'application du même principe à la province d'Oran dont il assurerait ainsi l'avenir? Cette année encore, le Conseil général d'Oran s'est occupé de l'irrigation de la province, et a voté le projet soumis à son appréciation après une discussion très-intéressante entre le général Deligny et M. de Saint-Maur, président du Conseil général. Que l'État se rende donc à ses vœux, comme il l'a fait pour le département de la Loire, et qu'il accepte ses propositions. Tout l'avenir de la province d'Oran dépend de ces concessions.

1. Voir le *Temps* du 25 août 1863.

On s'est plu à avancer que les progrès de l'Algérie sont plus rapides que ceux accomplis aux États-Unis durant les premières années de leur fondation, et cette assertion, naturellement, s'appuie sur des chiffres. Les chiffres sont complaisants et d'habiles gens prétendent prouver, avec les mêmes nombres, les choses les plus différentes. Malgré ce sophisme et l'abus trop réel qu'on en peut faire, je crois, néanmoins, que le nombre peut apporter à la défense d'une bonne cause, un concours efficace.

Il est vrai que la culture du coton aux États-Unis n'a pas donné tout d'abord de plus brillans résultats que dans notre colonie d'Afrique. Le premier envoi de coton d'Amérique en Europe, rapporté sur le tableau de l'exportation de Charlestown, en 1747, comprit sept balles; 2,000 livres furent expédiées en 1779, et une troisième expédition de 72 balles, faite en 1784, fut saisie, sous prétexte que l'Amérique ne pouvait pas produire une si grande quantité de coton. Des essais furent tentés en Algérie en 1846, et les cultures qui, en 1850, ne couvraient pas deux hectares, en occupèrent plus de 2,000, douze ans après[1]. La pompeuse conclusion tirée de cette comparaison n'en est pas moins étrange, parce qu'elle implique chez ses auteurs un profond oubli des circonstances au sein desquelles la culture est née dans les deux pays. Quel immense

1. Les États-Unis expédièrent les quantités de coton suivantes :

En 1791,	189,316 livres.	En 1810,	93,261,462 livres.
1793,	487,000 —	1820,	124,893,495 —
1794,	1,701,000 —	1830,	275,929,284 —
1795,	4,276,200 —	1840,	500,234,000 —
1800,	17,789,000 —	1850,	927,437,000 —

espace entre le jour où les colons de Virginie semèrent leurs premières graines de coton, et l'époque à laquelle cette même culture a été introduite en Algérie! quels grandioses résultats réalisés! Évidemment, les deux époques ne supportent pas de parallèle; les progrès accomplis aujourd'hui sont à ceux du dernier siècle, ce que la vapeur est aux anciens systèmes de locomotion. Quand l'Amérique commença ses plantations, l'industrie cotonnière n'existait pas; elle trouva des besoins nouveaux à provoquer, des communications onéreuses à établir, et, ces obstacles vaincus à force de persévérance et de courage, ses produits ne trouvaient pas sur les marchés d'Europe un écoulement certain. L'Algérie vint cent ans plus tard. Située près des pays de consommation, elle ne rencontra aucune de ces résistances; des manufactures prospères offraient à ses récoltes un débouché facile, et, par dessus tout, elle est venue à une époque qui se glorifie de faire plus de progrès en une année qu'une génération entière n'en réalisait en d'autres temps.

Loin de constater la supériorité de la colonisation algérienne sur celle des États-Unis, je suis parfaitement autorisé à conclure en faveur de ce dernier pays. Déjà arrivée, en 1853, à un développement excessif, la production cotonnière dans les États de l'ancienne Union continua de 1853 à 1860, de telle façon, qu'en sept ans elle y a presque doublé, pendant qu'en Algérie elle reste stationnaire, subissant même, dans les dernières années, une diminution d'un cinquième de l'espace cultivé.

Sans doute, la crise américaine a imprimé un nouvel

élan à nos plantations d'Afrique ; mais ces plantations ne dépassent pas un faible rayon borné aux terres irriguées. Et, cependant, le sol suffirait à une population dix fois plus nombreuse. D'innombrables demandes de terres ont été faites, tant par les anciens colons que par des compagnies, sans obtenir satisfaction. L'administration perd son temps en lenteurs, en discussions stériles, en études interminables, débattant des systèmes pendant qu'ailleurs on s'est mis résolument à l'œuvre.

Des prodiges se sont accomplis dans le bassin de la Méditerranée en fait de culture cotonnière. Un rapport du comité de secours de Manchester évalue aux chiffres suivants la production méditerranéenne pour la présente année :

Anatolie et Syrie.	160,000	balles.
Roumélie et Dardanelles . . .	100,000	—
Chypre et Archipel.	5,775	—
Géorgie.	8,600	—
Grèce	2,500	—

L'Égypte, de 1861 à 1862, a augmenté sa production de soixante pour cent ; l'année dernière elle a exporté 230,000 balles, et l'extension continuelle de la culture nous promet, pour 1864, un rendement bien plus considérable. Moscou tire du Caucase plus de dix millions de kilogrammes, et ni les dissensions intestines, ni les troubles politiques n'ont empêché l'Italie méridionale de donner, du premier jet, avec Malte, l'équivalent de cinquante mille balles de coton d'Amérique, de qualité presque égale à ceux de la Louisiane. Les pays du littoral de la Méditerranée sont placés dans un milieu à peu près identique à celui de l'Algérie, leur ciel est le même. La production du coton s'y est élevée à un total de 600,000 balles : celle de l'Algérie n'en dépasse guère 3,000.

Ces chiffres ont leur éloquence, ils nous dispensent de commentaires. Mais quelle situation poignante pour notre belle colonie d'Afrique de rester stationnaire, quand tant de causes la sollicitent à développer les richesses que son sein récèle !

VII.

« L'Algérie, a dit le duc de Malakoff, renferme près « de vingt millions d'hectares. Elle n'a que trois mil- « lions d'habitants. La propriété y est généralement « sans valeur, frappée d'immobilité, de main-morte; « d'immenses parties du territoire sont incultes, cou- « vertes de bois, de broussailles, composées de terres « vagues qui, à toutes les époques et sous toutes les lé- « gislations, ont été considérées comme vacantes et « sans maîtres. La population souffre de cette situation « digne des temps barbares qui lui ont donné naissance, « et dont elle perpétue la durée; nous lui devons un » meilleur sort [1] » .

La situation dont a parlé le maréchal Pélissier subsiste encore. Justifiable dans les premiers temps de la conquête et pendant les guerres qui suivirent, la réserve parcimonieuse de l'administration à l'égard de la colonisation n'a plus aujourd'hui sa raison d'être. Comment s'expliquer dès lors la persistance de l'État à

1. Observations présentées par le duc de Malakoff au Conseil supérieur du gouvernement, le 7 octobre 1861.

maintenir son système de concession? Que l'on compare le rapide essor des États-Unis et des colonies anglaises. La prospérité de ces États, nés d'hier, reste sans égale. Mais quelle simplicité dans leur administration, quelles formes libérales des lois qui la règlent! Toute lenteur y est inconnue. L'homme se sent libre; il marche, sa fortune se développe, des facilités de toute nature hâtent la formation des établissements nouveaux, et ces établissements acquièrent en peu d'années un degré de richesse que ne donnent jamais les rouages compliqués d'une savante administration.

Dans les provinces de l'ancienne Union les terres du domaine se vendent généralement 1 $1/4$ dollar l'acre, soit 16 fr. 50 c. l'hectare. A ce prix, tout étranger peut choisir les terres à sa convenance. En outre, les citoyens américains jouissent du *droit de préhension*, c'est-à-dire que la prise de possession de toute terre inculte constitue pour celui qui a bâti, qui l'a défrichée ou cultivée, la faculté d'en rester possesseur au taux ordinaire. Cette législation si simple a fait vendre aux États-Unis 29,800,000 hectares, de 1833 à 1850. En moins de vingt années ces concessions ont atteint un chiffre soixante fois supérieur à celui réalisé en Algérie pendant trente-quatre ans d'occupation, notre colonie n'ayant encore livré à la colonisation que 425,000 hectares.

Aucun document officiel ne révèle la loi du développement de l'émigration en Algérie. Les dénombrements périodiques montrent la lenteur de ce développement puisque la population européenne n'y atteint même pas deux cent mille âmes. En présence de l'énorme différence entre ce nombre et ceux constatés aux États-Unis, au Canada, en Australie, on se demande pourquoi l'émigration préfère ces pays à l'Algérie. Ni la nature, ni le climat n'expliquent cette préférence, et sous le rapport de la fécondité, les terres algériennes n'ont rien à envier aux neiges du Canada, aux steppes de l'Australie. Le climat est salubre, sauf quelques fièvres moins dangereuses que celles de la Louisiane et du Brésil. On pourrait suspecter, avec plus de raison, l'état de guerre dans l'Algérie, si le plus fort accroissement ne correspondait précisément à l'époque de la lutte la plus active avec Abd-el-Kader. Que conclure de ces faits ? Devons-nous plaindre le sort des colonies que nous n'avons plus ? Ou bien, quoi qu'il puisse en coûter à notre orgueil national, ne devons-nous pas à la vérité de reconnaître que la Louisiane, la Nouvelle-Ecosse, le Canada où notre langue se parle encore, ont acquis un développement prodigieux depuis que les événements les ont séparés de la mère-patrie ? C'est grâce à la liberté dont elles jouissent, que les colonies anglaises grandissent et prospèrent. Sur huit ou dix mille Français qui émigrent chaque année, un petit nombre seulement va dans nos colonies, tandis que l'Angleterre envoie dans les siennes la presque totalité de ses émigrants dont le chiffre annuel s'élève à cent cinquante mille indvidus.

Il en serait de même de l'Algérie si des terres eussent été mises à la disposition de nos colons, si une direction avait été donnée au courant de l'émigration. Il est vrai que des cessions gratuites de 1,000, 2,000,

3,000 hectares ont été faites en assez grand nombre; mais c'était souvent à des personnes complètement étrangères à l'agriculture, et alors ces terres accordées à la faveur restaient en friche et ne produisaient pas le moindre fruit. D'autres fois, ces concessions étaient faites à des gens inhabiles ou sans ressources suffisantes, grevées de conditions telles que leurs capitaux s'épuisaient avant la libération de toutes les charges, et, dans ce cas, ces terres ne pouvaient être ni vendues, ni régulièrement exploitées. L'Algérie compte beaucoup de ces grandes propriétés en friche, entourées de cultivateurs laborieux, incapables d'étendre leurs plantations faute de quelques hectares de sol. Ces concessions faites, après des années d'attente, à d'obséquieux solliciteurs, ne peuvent être obtenues par des colons sérieux qui ont besoin de se mettre à l'œuvre, sans délai, et n'ont ni assez de temps ni assez d'argent à perdre pour supporter jusqu'au bout les embarras et les ennuis au prix desquels l'administration algérienne devient accessible. Personne n'ignore combien sont *arbitraires* les concessions de sol en Algérie, à quelles formalités, à quelles lenteurs, à quelles justifications elles restent soumises. Tout élan de l'émigration est impossible, et des spéculateurs qui n'ont aucune envie de culture sérieuse peuvent, seuls, braver les délais au bout desquels quelque chose peut être obtenu. De là le découragement de ceux des capitalistes qui désirent tenter de sérieux efforts de colonisation et de culture.

A mes yeux le système des concessions gratuites est radicalement mauvais. Ce jugement se trouve appuyé par les appréciations de M. Charles Lavallée, dans une étude remarquable sur la colonisation moderne : « Ce régime, dit-il en effet, est arbitraire et « accompagné de restrictions qui le rendront stérile. « L'Etat qui concède la terre à qui veut, se croit le « droit d'imposer, en échange, des conditions qui « pèsent sur le travail, et il prescrit des formalités qui « éloignent les capitaux et les bras. La gratuité du sol « n'est qu'un leurre pour le colon quand celui-ci se « trouve sous le coup de conditions résolutoires qui « compromettent l'avenir de sa concession; elle retarde « et met en péril l'œuvre de la colonisation qui risque « de voir immobilisée pendant un temps plus ou « moins long, entre les mains de détenteurs peu sérieux « et impuisants et, pour ainsi dire, de colons officiels, « une partie du sol. De nos jours, ce système a été « appliqué en Algérie : on sait ce qu'il a produit. Il est « également en vigueur dans quelques centres de « l'Amérique du Sud, où les gouvernements essaient « d'attirer les émigrants européens par l'appât de lots « de terre : ces essais n'ont amené que des déceptions. « Enfin, la concession directe et gratuite est entachée « d'un vice radical, en ce qu'elle substitue l'action « administrative à l'action individuelle et la réglementation à la liberté. L'homme ne s'agite pas quand « l'administration le mène; il n'a pas le stimulant de « la responsabilité; l'initiative est interdite [1].»

Une chose est certaine, c'est qu'on ne fait pour l'Algérie que de vagues promesses. Le moment était

1. Ch. Lavallée, *Revue des deux mondes*, du 15 février 1863.

favorable, au début de la crise cotonnière, pour y réaliser de rapides progrès. Pour elle, comme pour l'Egypte et pour l'Inde, le différend des Etats-Unis devenait une heureuse chance d'extension. Qu'on lui ôte donc les entraves qui l'enchaînent, que son organisation soit simplifiée, qu'on en finisse avec les systèmes débilitants; que le *sénatus-consulte* réglant la propriété indigène, reçoive une prompte exécution [2], que la terre soit libre et qu'elle devienne féconde. Comme conséquence immédiate de cette mesure je signale, pour l'Algérie, l'occupation de la totalité du territoire, l'essor de l'agriculture, du commerce et de l'industrie inaugurant une œuvre de fusion et de paix, qui, de deux races différentes, ne ferait plus qu'un même peuple, s'inspirant des mêmes idées, éprouvé par les mêmes besoins. Je termine par cette alternative : ou bien, comme il n'est pas permis d'en douter, le Gouvernement s'intéresse sérieusement au progrès de la colonisation de l'Algérie, et dans ce cas, il lui donnera les libertés indispensables qu'elle sollicite, les terres qui lui font défaut, en même temps qu'il supprimera tout ce qui entrave le jeu des forces individuelles; ou bien, comme les tendances persistantes de l'administration autorisent à le craindre, il continuera « à ne voir d'avenir que dans l'élément arabe, » et dans ce cas, qui, je l'espère, ne se réalisera pas, la situation actuelle se maintiendrait, les colons n'au-

2. A moins de mesures efficaces la constitution de la propriété indigène ne pourra être réalisée que dans un temps éloigné et le sénatus-consulte menace de rester lettre-morte. Avec les dispositions actuelles il faudrait plus d'un siècle pour mener l'opération à bonne fin.

raient plus qu'à liquider, et les sacrifices de la France auraient eu pour unique résultat de perpétuer sur une terre arrosée du sang de nos soldats un régime de confusion et de barbarie douze fois séculaire.

Logelbach, le 6 mars 1864.

Ces lignes étaient écrites lorsque je crus devoir donner de la publicité à une lettre adressée dès le 18 février à Sa Majesté l'Empereur des Français[1].

Cette publication me valut de nombreuses preuves de sympathie. Quelques-uns de mes amis jugèrent cependant qu'il eût été plus logique de garder le silence, du moment que je renonçais, pour mon compte, à l'œuvre de la colonisation des terres de l'Habra et de la Macta.

Je ne saurais partager cette manière de voir. S'il est un symptôme de notre temps qui doive nous attrister profondément, c'est la tendance presque générale à ne rompre le silence que lorsque le souci des *intérêts* ou des *honneurs* commande de parler. Or, ce n'est pas la satisfaction des ambitions privées, ce n'est pas le succès de telle ou telle entreprise particulière qui importe à la grandeur et à l'avenir d'un pays; ce qui importe, c'est que l'énergie individuelle se relève; c'est que l'initiative personnelle reprenne ses droits, et que cha-

1. Voyez pièces justificatives, page 74.

cun de nous, riche ou pauvre, puissant ou obscur, sache contribuer, dans la limite de ses moyens, au bien de tous.

Que si les intelligences fermes et honnêtes se relèguent dans la vie privée ; si elles gardent uniquement pour le cercle restreint de leur famille ou de leurs amis, ce quelles peuvent avoir d'idées fécondes et généreuses, qu'en résultera-t-il, sinon que le champ politique et l'avenir de la patrie restent livrés au conflit de toutes les prétentions étroites et vaniteuses, de toutes les passions aveugles ou hostiles? Et quand un pays en est là, n'est-il pas évident, et l'expérience du passé ne le démontre-t-elle pas, que dans la lutte confuse des convoitises et des ambitions rivales, le termite révolutionnaire fait son œuvre et continue silencieusement les ravages lents, mais sûrs, qui effraient à si juste titre et ceux qui tiennent le gouvernail de l'État et la société ellemême?

Il faut donc se tenir également éloigné de cette opposition systématique et de cette adulation corruptrice qui flattent, l'une, les faiblesses de la multitude, l'autre, les passions du pouvoir, et ne mènent qu'à l'anarchie et aux ruines. Il faut que les hommes d'ordre sachent résister à la séduction d'un repos facile et égoïste, et contribuer, autant qu'il est en eux, au perfectionnement de nos institutions, en signalant sans animosité, mais sans faiblesse, les améliorations réclamées par la marche du temps. Ce sont les opinions individuelles, il ne faut pas l'oublier, qui, par leur ensemble, forment l'opinion publique, et l'opinion publique, on l'a dit souvent, est la boussole qui règle la marche des gouvernements, et indique la route de l'avenir.

C'est en travaillant à remédier, chacun dans sa sphère, aux imperfections inséparables des institutions humaines, et à consolider par le concours de tous les efforts honnêtes les fondements menacés de l'édifice social, que nous combattrons efficacement l'action destructive du *rongeur* solitaire dont les ravages s'étendent dans l'édifice immobile, plutôt que dans l'humble charrue qui, chaque jour, trace son sillon.

Quant à l'Algérie, dont l'avenir surtout nous a préoccupé dans ce travail, acceptons, pour le moment, avec un de ses plus ardents défenseurs[1], ce qu'il a si bien nommé la *phase de la résignation;* non, bien entendu, de cette résignation passive et fataliste de l'Orient, qu'en France nous appellerions *découragement:* mais de la résignation qui agit, qui lutte, qui espère, parce qu'elle sait que, tôt ou tard, l'avenir couronnera les nobles et persévérants efforts.

Logelbach, le 10 avril 1864.

ANT. HERZOG.

1. M. Clément Duvernois.

PIÈCES JUSTIFICATIVES.

DE LA CULTURE DU COTON ET DE LA COLONISATION DANS LA PROVINCE D'ORAN.

*A Monsieur le rédacteur de l'*Industriel alsacien.

Monsieur le rédacteur,

Vous ouvrez avec trop d'empressement les colonnes de votre estimable journal à toutes les communications qui concernent l'œuvre de la colonisation de l'Algérie, en général, et en particulier la culture du coton dans cette possession, et les développements dont elle y est susceptible, pour que j'hésite à vous faire part, dès maintenant, de quelques-unes des observations que j'ai été à même de recueillir, dans un récent voyage en Afrique, observations qu'une lettre de l'honorable M. Imbert-Kœchlin, insérée dans votre numéro du 12, me détermine à soumettre à vos lecteurs.

Toutes les fois qu'il s'agit de juger des progrès de la colonisation en Algérie et d'en apprécier la rapidité et le prix, il y a un fait, Monsieur, qu'on ne devrait, ce me semble, jamais perdre de vue, parce qu'il renferme bien des explications : c'est que cette colonie a eu le malheur de rencontrer chez ceux qui se sont occupés de son avenir ou qui y sont venus chercher fortune, deux dispositions également exagérées et partant également fausses.

Ceux-ci ont négligé complètement les difficultés de la colonisation; ceux-là les ont tenues pour insurmontables. Ou bien l'on s'est imaginé qu'il n'y avait qu'à frapper du pied le sol africain pour lui faire produire des merveilles; que c'était assez, pour rendre le pays prospère, de diriger sur lui un courant d'émigration, d'y envoyer les gens dont on ne savait que faire en France; ou bien, l'on s'est pris à désespérer de tout : du travail agricole, comme étant exposé à trop de chances défavorables; de la production, comme revenant trop cher; on a déclaré péremptoirement que tous les éléments de succès faisaient défaut, que de l'Algérie entière, le littoral seul était à garder pour des raisons stratégiques ; en un mot, qu'il n'y avait point d'autre programme à réaliser que celui-ci : exploiter les Arabes par l'armée.

Je ne saurais douter, pour ma part, que ce ne soit dans ces appréciations contradictoires qu se partagent depuis si longtemps les esprits au sujet de l'Algérie, qu'il faut chercher la principale, ou, tout au moins, la première cause des lenteurs qu'y rencontre l'œuvre de la colonisation, et le secret de bien des insuccès qui ont paru inexplicables.

Rarement, cela n'est pas à dissimuler, les questions qui se rattachent à la colonisation de l'Algérie ont été abordées sans préjugés ; rarement, on y a créé des entreprises en pleine connaissance de cause, sans s'exagérer ni les dificultés ni les avantages, sachant compter avec le temps qui est l'auxiliaire indispensable des choses durables, et connaissant à fond tous les éléments de succès en même temps que les véritables moyens d'en tirer parti.

Aussi n'y a-t-il rien d'étonnant que nous ayons vu chaque tentative infructueuse suivie d'un découragement absolu, et qu'on ait cherché mille causes à l'insuccès d'entreprises dont l'avortement n'était dû, le plus souvent, qu'aux illusions et à l'inexpérience qui y avaient présidé, ou aux moyens employés pour les mener à fin.

Il est évident, pour quiconque a sérieusement examiné la situation et les ressources de la colonie, qu'entre les deux partis extrêmes dont je viens de parler, il y en a un troisième qui est vraiment sérieux et pratique, et qui ne pourrait manquer, s'il était compris et suivi, de conduire l'Algérie à la prospérité pour laquelle elle est faite. Car, après le voyage dont j'arrive à peine, je ne saurais plus douter de l'avenir de cette colonie.

Certaines circonstances récentes sont venues, il est vrai, réveiller bien des préventions dont elle était l'objet, de déconcerter, quelque peu, les espérances de ses amis. Je veux faire allusion à l'insuccès qu'ont éprouvé plusieurs grandes compagnies cotonnières, tout dernièrement organisées, insuccès dont s'étonne M. Imbert-Kœchlin, dans sa lettre du 12, et qui lui inspire de sérieuses inquiétudes.

J'avoue, qu'à ne considérer le sort de ces compagnies qu'à la première vue, et sans être à même de se rendre compte des causes multiples qui en ont décidé, il y a vraiment lieu de s'alarmer et de se demander, avec M. Imbert-Kœchlin, s'il ne faut pas redouter la même destinée pour toutes les compagnies cotonnières qui tenteraient de s'introduire en Algérie? Mais plus d'une explication se présente fort heureusement, qui permet d'envisager sous un tout autre jour les faits qui viennent de se passer, et d'y voir, non pas une preuve de l'existence d'obstacles invincibles, mais la suite d'entraves passagères, de projets non suffisamment mûris et pratiques, ou d'entreprises sans but sérieux.

Pour parler d'abord de la Compagnie de la Tafna (qui n'est pas à confondre avec celle de la Macta et de l'Habra), et à laquelle l'adminissration a opposé des raisons dont s'étonne M. Imbert-Kœchlin, il faut dire qu'elle rencontre une difficulté avec laquelle force est aux colons de compter aussi, difficulté qui naît des incertitudes où se trouve une question encore pendante, la plus grave peut-être et la plus complexe qui se soit présentée depuis la conquête, la question du cantonnement des Arabes. C'est sur ce point, en effet (au moins me l'a-t-on affirmé à Oran), que la plus grande quantité des terres de la Tafna appartiennent à des Arabes, et qu'un brusque remaniement de ces propriétés provoquerait infailliblement des désordres, et compromettrait la sécurité des colons; c'est sur ce motif, dis-je, que l'administration militaire se serait fondée pour opposer un refus ou au moins un ajournement à la demande de concession de la Compagnie Dollfus-Bazley. Mais cette objection, qu'on peut, du reste, envisager de bien des manières, n'est pas de celles dont on désespère d'avoir raison, et qu'on ne saurait voir tomber. Elle tombera nécessairement, au contraire, en même temps que sera résolue la question du cantonnement. A moins que l'on ne veuille renoncer à la colonisation, mettre l'Algérie dans l'impossibilité de se peupler, il faudra, quoi qu'on en ait, rendre disponible une étendue suffisante de terre pour faire place à l'élément européen. Ce qu'il y a de regrettable dans les retards que subit la demande de concession dont il s'agit, dans un moment où il importerait si fort qu'on se mît à l'œuvre, c'est l'effet que peuvent produire de tels exemples sur l'opinion publique, et le découragement qu'ils sont de nature à inspirer aux meilleures résolutions.

Quant à la Compagnie française des colons algériens, à laquelle j'ai souscrit, je me demande s'il y a lieu de s'étonner, après avoir médité son prospectus, qu'elle n'ait pu réunir le capital auquel elle prétendait. Je ne cacherai point, pour ma part, que tout en me faisant un devoir de ne pas rester indifférent à cette entreprise, je l'ai tenue, dès le principe, pour très-difficilement réalisable dans les conditions où elle s'organisait. Toutes les données de l'expérience me semblaient, en effet, protester en Algérie, contre les essais tentés par des Compagnies constituées avec un capital si considérable, et se proposant d'exploiter directement de vastes concessions.

A ne prendre garde qu'à la difficulté de diriger une culture aussi importante et compliquée avec un comité siégeant à 600 lieues du centre d'exploitation, aux tiraillements qu'on peut tenir pour inévitables entre le conseil et la régence chargée de l'application, à l'absence d'unité et de suite dans les vues, et de promptitude dans l'action, qui résultent de cette organisation, c'en était assez déjà, à mon gré, pour douter du succès d'une telle entreprise et en détourner les souscripteurs.

Après les nombreux essais infructueux qu'ont faits en Algérie les Compagnies agricoles exploitant directement leurs concessions, il faut songer, je crois, à d'autres bases pour organiser des Compagnies qui aient de véritables chances de réussite, et qui trouvent un accueil confiant dans le public.

Cependant, l'opinion s'est préoccupée d'une troisième Compagnie également en instance pour obtenir une concession : la Compagnie anglaise. On sait que cette Compagnie avait demandé la concession de 24,000 hectares dans les plaines de l'Habra et de la Macta, moyennant 80 fr. l'hectare, et avec la charge, pour le gouvernement, d'entreprendre et de terminer, à ses frais, certains travaux d'eau projetés et ayant pour but d'assainir et de rendre arrosables les terrains concédés. Tout en souffrant peut-être, dans son amour-propre national, de voir l'Angleterre prendre pied sur ce sol africain conquis par le sang de nos soldats, et objet de tant de sacrifices pécuniaires, déjà l'on se félicitait en France d'apprendre que les capitaux étrangers prenaient le chemin de l'Algérie et venaient la fertiliser. Le malheur a voulu que cette Compagnie, qui pourrait bien passer, à la fin, pour n'avoir jamais existé que de nom, encore qu'elle ait obtenu du gouvernement algérien une concession provisoire, le malheur a voulu, dis-je, qu'elle n'ait rien eu à apporter à la colonie et qu'elle ne soit pas même parvenue, en l'espace de quelques mois, à constituer un faible cautionnement. Après avoir entendu parler d'un capital social de 25 millions, nous avons appris qu'il n'était plus question que de 2,100,000 fr.; enfin, cette Compagnie devenait une simple Compagnie financière, et paraissait n'avoir plus d'autre but que de revendre au colon algérien 200 fr. et plus ce quelle eût obtenu à 80 fr. de l'État.

La nature seule de cette Compagnie suffirait pour qu'on n'en déplorât pas le sort; nous avons hâte d'ajouter que l'Algérie serait bien loin de perdre quelque chose à sa défaite, car une autre Compagnie, composée presqu'exclusivement de colons, qu'on peut qualifier de sérieux, est déjà organisée pour prendre sa succession, faisant à l'État des propositions infiniment plus avantageuses, et prête à fournir, au premier appel, son premier versement de fonds.

Il est certain, je le répète, que les vicissitudes qu'ont traversées ces trois Compagnies sont faites pour produire sur l'opinion la plus fâcheuse impression, et pour retarder ou pour empêcher peut-être bien des tentatives d'une réelle importance.

Mais, après ce que nous venons de voir, est-on bien fondé, en réalité, à conclure de l'insuccès de ces Compagnies, à celui de toutes les Compagnies cotonnières nouvelles qui pourraient chercher à s'introduire en Algérie? A-t-on lieu de déclarer invincibles les obstacles, les difficultés avec lesquels elles ont eu à lutter? C'est à mon sens une conclusion qui n'est pas du tout renfermée dans les faits que nous avons sous les yeux, si regrettables qu'ils soient.

J'ai pu emporter, de mon séjour en Algérie, cette conviction : que les difficultés qu'à rencontrées jusqu'ici l'œuvre de la colonisation, ne sont ni décisives, ni insurmontables; que pour réussir, tout est dans le choix des moyens; en un mot, que de grandes entreprises peuvent être tentées en Algérie, et avec de grandes chances de succès, si elles sont conçues et dirigées pratiquement, et, par-dessus tout, si elles s'attachent à un but dont la réalisation aura été mûrement étudiée et préparée d'avance.

C'était, du reste, ma pensée, déjà avant mon séjour en Algérie, que de grandes choses s'y pouvaient faire; mais j'estimais qu'avant de rien tenter, il importait de se rendre un compte exact de la situation de la colonie, de ses ressources, des difficultés à éluder et des moyens à prendre dans ce but.

Cette considération me fit hésiter, lorsqu'au mois d'avril dernier, un comité se constitua à Mulhouse pour encourager la culture du coton, à accepter le titre de membre de ce comité, dont on voulait m'honorer.

J'avais à cœur, en effet, avant de recourir aux industriels d'Alsace pour une entreprise déterminée, de voir ce comité faire étudier, à ses frais, la question de la colonisation de l'Algérie en général, celle du coton avant tout, s'assurer des éléments sur lesquels on pouvait compter, des inconvénients ou des difficultés à craindre ou à prévenir, sonder le gouvernement sur les dispositions, sur les réformes qu'il médite, sur la mesure de l'appui qu'on peut attendre de lui. L'honorable président de la commission, M. Engel, auquel je m'adressai, tout en partageant, je le crois, mon sentiment et en témoignant du zèle le plus vif et le plus sincère pour la cause qu'il patronait, ne put, néanmoins, entrer dans la voie que j'indiquais et que je tenais pour la plus rationnelle. C'est alors que je me décidai à remplir moi-même la tâche dont j'ai parlé. Je prenais trop souci de l'avenir des entreprises qui peuvent en même temps répondre aux besoins de nos industries, et venir en aide à la colonisation, pour attendre plus longtemps les informations complètes et définitives. Je fis d'abord étudier la province d'Oran, puis j'allai moi-même corroborer les renseignements qui m'avaient été fournis et chercher à asseoir un jugement définitif Une chose me manquait pour entrer dans le détail des intérêts de l'Algérie et en parler en pleine expérience : être moi-même colon. Je le suis devenu, ainsi qu'un de mes neveux qui m'accompagnait dans ce voyage, avec dessein de réunir sur l'état actuel de la colonie et sur son avenir, tous les matériaux nécessaires pour faire paraître une série de publications aussi pratiques, exactes et concises que possible sur cet important sujet. En entretenant, dès aujourd'hui, vos lecteurs des remarques que j'ai pu faire et des indications qu'il m'a été donné de réunir dans mon voyage, je ne ferais, monsieur le rédacteur, que céder à mon désir, car rien ne m'intéresserait plus vivement que de pouvoir contribuer, pour si peu que ce soit, à éclairer les esprits sur la véritable situation de l'Algérie, et de provoquer, en sa faveur, de sérieuses sympathies. Mais je veux attendre, pour compléter mes études, un second voyage de plus longue durée. Si je me déterminais à aborder, dès maintenant, une des questions qui préoccupent les amis de la colonie, ce serait celle du coton, qui est d'une actualité trop pressante peut-être, pour souffrir des retards, et sur laquelle nous avons déjà réuni, d'ailleurs, de nombreuses et intéressantes données.

La province d'Oran, en particulier (telle est, du moins, l'impression qu'elle m'en a laissée), ne trompera pas ceux qui s'attendent à la voir devenir, dans un temps peu éloigné, un nouveau centre producteur de coton, si on veut résolument s'attacher à réaliser les conditions indispensables pour arriver à cette fin. Les terres y sont excellentes, la main-d'œuvre n'y manque pas et n'atteint pas des prix très-élevés : l'émigration espagnole et le voisinage du Maroc offrent des ressources inépuisables. Un seul élément y fait défaut, pour tirer d'avantages si précieux tout le parti désirable, c'est l'eau.

Qu'on donne de l'eau en quantité suffisante à la province d'Oran, et les exploitations agricoles s'y multiplient, les colons y affluent, la production s'y développe rapidement et la richesse s'y répand.

Tous ces résultats, on peut les obtenir en créant des réservoirs nombreux, en multipliant les sources là où la terre offre de l'eau à une profondeur de moins de six mètres. Il existe, pour la province dont nous parlons, tout un ensemble de travaux d'eau projetés. L'étude en a été faite par un ingénieur en chef, qui est fixé en Algérie depuis 27 ans, et dont l'expérience et le mérite ne souffrent pas contestation. Que ces travaux soient exécutés, et voilà d'immenses étendues de terres rendues arrosables et partant prêtes à produire. Tel est le véritable but, ou tout au moins le premier que devraient se proposer les Compagnies en Algérie : entreprendre des travaux d'eau, rendre possible l'irrigation des terres. Sans ces travaux, rien n'est à faire ; avec eux, on peut tout. C'est là, d'ailleurs, un progrès parfaitement approprié à la nature des Compagnies. Il est précis, déterminé, on peut calculer, à peu de chose près, ce qu'en doit coûter la réalisation et les avantages qui peuvent en résulter. On ne s'aventure pas comme en créant de vastes exploitations agricoles. Ce sont des entreprises analogues à la création des lignes ferrées, de canaux, etc., qui sont proprement du ressort des Compagnies et dont on viendrait même malaisément à bout sans leur secours.

Aussi, ai-je la ferme persuasion que si des capitaux s'associent pour construire, dans la province d'Oran, ces réservoirs, ces barrages projetés, que si une Compagnie prend pour but de vendre l'eau à l'agriculture, d'en faire commerce en un mot, le succès la récompensera au-delà de toute attente.

Pour les Compagnies agricoles, j'ai déjà eu occasion de le dire, je ne sais s'il en faut attendre beaucoup, du moins dans l'État actuel des choses. Les grandes exploitations gérées par des Compagnies religieuses, telles que Staoueli ou Bouffarick, par exemple, sont presque seules à réussir. C'est que dans les entreprises de cette nature les bénéfices et la main-d'œuvre gratuite, forment le fonds d'économie de la Société ; d'un autre côté, la plupart des inconvénients qui existent pour les Compagnies agricoles ordinaires sont atténuées d'une façon ou d'une autre.

Mais il est grand temps, Monsieur, que je mette un terme à cette lettre, déjà trop longue de beaucoup, et où je me proposais seulement, en commençant, de fournir quelques explications sur l'insuccès des Compagnies cotonnières dont l'opinion se préoccupe, et de raffermir les espérances de ceux qui croient à l'avenir de nos possesions africaines. Ma pensée a été singulièrement dépassée, et l'étendue des sujets que j'ai abordés ne s'est que trop fait sentir sous ma plume.

Quoi qu'il en soit, Monsieur, je n'aurai ni le regret d'être entré aujourd'ui dans de trop longs détails, ni celui d'avoir quitté mes affaires dans un temps plein de difficultés, pour entreprendre un lointain et pénible voyage, si j'ai pu arriver à déterminer quelques-uns de mes honorables collègues dans l'industrie, qui se sont vivement préoccupés, depuis quelque temps, des intérêts de l'Algérie, des hommes tels que MM. Engel et Imbert-Kœchlin, à ne rien perdre de leurs espérances ni de leur zèle.

Si le comité, dont l'un était président et l'autre secrétaire, n'a pas abouti, il peut se féliciter, du moins, d'avoir porté l'attention des esprits sur la question algérienne, et d'avoir posé des jalons dans une voie qui, certainement, ne restera pas déserte. Rien n'empêche, qu'au premier jour, ce comité ne se relève et ne serve à inspirer et à coordonner les efforts de tous les hommes qui, en Alsace, se préoccupent sérieusement d'assurer à l'industrie cotonnière de nouvelles et précieuses ressources, en même temps que de travailler à la prospérité de la plus importante colonie que possède la France.

Agréez, Monsieur le rédacteur, l'expression de mes sentiments de profonde considération.

19 décembre 1862.

ANTOINE HERZOG.

A Son Excellence Monsieur le Maréchal duc de Malakoff, gouverneur général de l'Algérie.

Monsieur le Maréchal,

Nous soussignés :

Émile Masquelier, négociant au Hâvre et membre du conseil municipal de cette ville, membre du conseil général de la province d'Oran, propriétaire à Saint-Denis-du-Sig, et lauréat des premiers grands prix accordés par l'Empereur à la culture du coton en Algérie, agissant au nom de la société Masquelier fils et Compagnie, du Hâvre ;

Jules du Prè de Saint-Maur, président du conseil général de la province d'Oran et de la chambre consultative d'Agriculture, propriétaire de la ferme-modèle d'Arbal, lauréat, avec M. Masquelier, des premiers grands prix impériaux ;

Alfred Grivel, ancien filateur, représentant de la maison Masquelier, à Saint-Denis-du-Sig, souscripteur pour son compte personnel ;

Benjamin d'Haudouin d'Euilly, propriétaire à Saint-Denis-du-Sig ;

Pierre Favrèse, propriétaire à Oran,

Principaux souscripteurs de la Société oranaise, dont les statuts sont ci-joints, et au nom de tous les souscripteurs,

Avons l'honneur de demander à Votre Excellence, qu'il nous soit fait vente, à titre de concession, et au prix fixe de *cent* francs l'hectare, des terrains situés dans les plaines de l'Habra et de la Macta, d'une contenance de 24,100 hectares, et dont le périmètre a été déterminé en vue des besoins de la colonisation.

Nous offrons de payer ces 24,100 hectares 2,410,000 francs, à raison de 100 francs l'hectare; nous nous engageons à verser le cinquième de cette somme, ou 482,000 francs, à titre de cautionnement, dès que l'administration en fera la demande et avant la signature du décret de concession; le paiement du surplus aurait lieu par cinquième, au fur et à mesure de l'avancement des travaux de barrage, canaux, desséchements, que l'État se chargerait de faire exécuter, en garantissant à nos 24,100 hectares, comme formant les 24/36 du périmètre destiné à recevoir l'irrigation, la disposition des 24/36 du total des eaux débitées par les barrages à construire sur l'Habra.

Nous n'ignorons pas qu'une Compagnie anglaise est en instance pour obtenir les mêmes terres à un prix inférieur : nous pensons avoir lieu de nous présenter en concurrence avec elle, et de demander la préférence à raison :

1° Du prix d'achat plus élevé que nous offrons;

2° Des preuves que nous avons faites depuis longtemps dans la culture du coton, car nous comptons parmi nous des hommes qui en ont été les créateurs dans le pays, et qui ont obtenu les premiers grands prix de l'Empereur et de la province;

3° De la certitude que par suite nous offrons que tous nos efforts se porteront sur l'extension de la production cotonnière et ne se borneront pas à revendre les terres aux vrais cultivateurs de coton en réalisant une plus-value dont le bénéfice ne resterait même pas dans le pays. Nous devons constater, à cette occasion que si, depuis quelques années, la culture du coton demeurait à peu près stationnaire dans les plaines du Sig et de l'Habra, c'est qu'elle avait déjà absorbé toutes les eaux livrées aux planteurs, qui n'eussent pas attendu, pour lui donner un bien plus vaste essor, la formation de grandes compagnies, si leurs sollicitatious anciennes et persévérantes avaient pu obtenir que l'on mît à leur disposition les terres et surtout les eaux que l'on offre maintenant aux compagnies;

4° Enfin, de l'intérêt immense qu'ont la province, l'Algérie entière, à s'affirmer devant la France et devant l'Europe, en montrant qu'elles ont dans leur sein des ressources capables de produire de grandes choses et qu'il n'y a qu'à savoir les mettre en œuvre. Cette affirmation, nous offrons de la prouver, comme le mouvement se prouve en marchant.

Nous avions, au début, pris le nom de Société franco-algérienne, parce que nous supposions qu'il y aurait lieu, pour nous compléter, de faire appel à la France; mais les souscriptions ayant afflué dans la province, et la liste ayant été remplie en quelques jours, sans qu'il y eût besoin de recourir à la publicité et par la seule confiance qu'inspire l'affaire, nous avons senti plus encore combien cette affaire était par essence populaire et provinciale; combien elle répondait au vif désir du pays de se voir faire une part dans la large distribution du sol que l'on propose aux compagnies. Nous pensons que le nom de la Société doit être l'expression vraie de sa composition, et, qu'en conséquence, le nom de Société cotonnière oranaise est le nom qui lui convient.

Ce n'est pas, Monsieur le Maréchal, sans un légitime orgueil, pour notre province que nous vous présentons ce nom de Société oranaise. Notre province en a bien conquis le droit par son énergie au travail et par les profondes racines qu'elle a su faire prendre chez elle à la culture du coton. En ce qui regarde personnellement les signataires de cette lettre, ils n'ont pas, en se mettant en avant, agi à la légère; ils se sont assurés qu'ils seront suivis. Si leurs noms, qui ne vous sont pas inconnus, signifient en toutes choses affaire sérieuse et loyale, dans celle-ci ils signifient plus encore; ils sont la personnification des planteurs, ils ont avec eux le pays.

Nous n'inscrivons pas, il est vrai, sur notre bannière, un capital de 25 millions de fr., plus facile à annoncer qu'à réunir, l'expérience le prouve; nous ne lançons pas de prospectus peu réfléchis. Gens du pays, nous connaissons notre affaire, et le pays la connaît comme nous. Nous n'avons aucun besoin de réclames; que l'on fasse droit à notre demande, et nous pouvons garantir que nulle compagnie ne nous dépassera en résultats effectifs. Le luxe des millions est peut-être le nécessaire pour des compagnies d'étrangers. Nous composerons un capital suffisant, d'une part, avec notre pratique de la culture et les ressources en divers genres que nous possédons; de l'autre, avec une foule de petits capitaux existant dans le pays, dont l'importance dépasse de beaucoup ce que l'on suppose et qui ne demandent qu'à prendre part à l'affaire, parce que, s'ils délaissent les terres dénuées d'irrigations, ils recherchent les terres irrigables. L'État, pour ses plus gros emprunts, s'est bien trouvé de s'adresser directement et individuellement au public : il en sera de même pour la colonisation. Personne n'offre, à cette heure, plus de garanties pour développer la production cotonnière de la province que les colons qui ont su la créer à travers tous les obstacles.

Loin de nous, cependant, la pensée de faire le procès des compagnies : elles peuvent rendre de grands services et l'Algérie est assez vaste pour qu'elles y trouvent leur place au soleil; mais la plaine de l'Habra, que la colonisation individuelle occupe déjà en partie, et demande depuis longtemps à envahir tout entière, nous semble, par son voisinage, destinée naturellement à l'expansion de cette colonisation individuelle. Pourquoi refuserait-on à des colons installés sur des terres limitrophes, et qui attendent, la pioche à la main, ces 24,000 hectares qu'ils sont en mesure de mettre en culture, avant peut-être qu'une compagnie ait fini de discuter son organisation et surtout de réunir son capital?

Pour nous, nous nous gardons bien de former une compagnie par action, nous sommes une association organisée pour devenir propriétaires de lots nominatifs et dans laquelle chacun reprendra sa liberté d'action individuelle, aussitôt que le sol aura été payé à l'État et que la répartition en aura été faite entre les souscripteurs. Avec nous, il n'y a pas à craindre l'absentéisme qui est inévitable avec les compagnies, et dont on se plaint vivement à Alger. Peuplement européen, conservation dans la province des revenus du sol, travail énergique, production cotonnière aussi large que le permettraient les quantités d'eau disponibles, accessibilité de la possession du sol à un grand nombre de colons qui l'ont bien mérité par leurs efforts et par un long sejour; notre proposition garantit tout cela, aussi, espérons-nous qu'elle trouvera près de vous un bienveillant appui.

Nous avons l'honneur d'être, etc.

(*Suivent les signatures.*)

Ci-joint, outre la copie des statuts, copie de la liste des souscripteurs.

Saint-Denis-du-Sig, ce 24 novembre 1862.

P.-S. Au moment où cette lettre allait être mise à la poste, M. Herzog, l'un des principaux représentants de l'industrie alsacienne, est venu apporter à la Société cotonnière oranaise un précieux concours. Après examen de l'affaire fait sur place, il a souscrit 500 hectares au nom de M. Lefébure-Herzog, député du Haut-Rhin, son beau-frère; il a souscrit, en son nom personnel, tout ce qui restait d'hectares. avec engagement de prendre tous les lots pour lesquels le paiement du cinquième ne serait pas fait en temps prescrit, jusqu'à concurrence d'un chiffre total de 5,000 hectares. Un pareil engagement rend superflu toute discussion sur la valeur absolue de telle ou telle souscription.

Alger, le 17 décembre 1862.

Messieurs,

J'ai reçu la demande que vous avez formée auprès de moi, tant en votre nom qu'au nom des souscripteurs de la Société oranaise, dans le but d'obtenir la vente, à titre de concession, et au prix fixe de cent francs l'hectare, des terrains situés dans les plaines de l'Habra et de la Macta.

L'attribution des mêmes terrains ayant déjà été sollicitée par une compagnie anglaise, et l'administration ayant contracté des engagements avec ses représentants, il ne serait possible d'instruire votre demande qu'autant que le Conseil d'État, depuis longtemps saisi de l'affaire, refuserait d'adopter les bases du marché intervenu, ou que la compagnie elle-même serait déclarée en déchéance, pour n'avoir pu justifier en temps utile de la souscription de son capital.

Par dépêche spéciale de ce jour, je prie Son Exc. le Ministre de la guerre de vouloir bien s'informer de la situation exacte de la demande de MM. Melhado et consorts, afin que je puisse prendre ou proposer sans retard telles mesures que les circonstances pourraient rendre nécessaires.

Je prends d'ailleurs, dès à présent, bonne note des offres faites par votre compagnie, et vous pouvez avoir l'assurance que, le cas échéant, elles seront examinées avec tout l'intérêt qu'elles comportent.

Recevez, Messieurs, l'assurance de ma considération la plus distinguée.

Pour le Gouverneur général absent,

Le Général de division, sous-gouverneur,

Signé : DE MARTIMPREY.

LETTRE A S. M. L'EMPEREUR.

SIRE,

Sachant combien Votre Majesté se préoccupe de la situation de l'industrie cotonnière, j'ai pris la liberté de lui demander une audience, afin de lui exposer de vive voix ce qu'un récent voyage en Algérie m'a permis de recueillir à ce sujet. Votre Majesté a bien voulu consentir à recevoir mes communications par l'entremise de Son Excellence M. le duc de Bassano : Je me fais un devoir de les résumer en peu de mots, pour appeler votre bienveillante attention sur une entreprise à laquelle je me suis voué sans autre motif que la prospérité de notre industrie nationale, et le soulagement de nos ouvriers frappés par une crise qui menace de se prolonger.

C'est ce motif, Sire, qui m'a déterminé à quitter momentanément la direction de nos établissements pour aller en Algérie m'occuper de la plantation du coton. Après avoir parcouru les environs d'Oran, qui présentent les terrains les plus favorables à cette culture, j'ai acquis la conviction qu'un brillant avenir pourrait être assuré à cette partie de la colonie. Aussi, n'ai-je pas hésité à lui donner un gage de ma foi en sa prospérité future, en y achetant de grandes propriétés, où je me propose de cultiver le coton sur une vaste échelle, dès le printemps prochain. Mais, permettez-moi, Sire, de vous signaler le grand obstacle contre lequel se briseront tous nos efforts, si Votre Majesté ne nous vient en aide avec cette prompte intelligence des choses qui la distingue.

Cet obstacle, c'est le manque d'eau, élément indispensable pour la culture du coton. Aussi longtemps qu'on n'aura pas rendu les terrains irrigables, au moyen de réservoirs qui puissent retenir l'eau pour les époques de sécheresse, toute extension de cette culture devient impossible. Les primes que l'on accorde à cet effet, quelque fortes qu'elles soient, ne peuvent amener aucun résultat important, par la raison bien simple qu'il faut avant tout rendre le terrain apte à la culture du coton ; or, le manque d'eau fait sécher la plante sur pied. De là, Sire, dépend en grande partie l'avenir de nos plantations. Votre Majesté seule peut lever cette difficulté majeure, en ordonnant la prompte exécution de travaux sans lesquels l'activité et le bon vouloir des planteurs resteraient frappés d'un insuccès complet.

Si je me permets de signaler à l'Empereur l'urgence de ces travaux, c'est que le temps presse : les plantations devront se faire au mois d'avril, et par conséquent trouver des terrains suffisamment préparés. Un retard de quelques jours peut devenir pour nous un ajournement d'une année entière. Or, une année d'attente de plus pour des ouvriers sans travail, c'est un délai bien long. Je n'ai pas besoin, Sire, d'insister sur cette considération auprès de Votre Majesté, qui a si souvent manifesté le désir d'abréger les souffrances de nos populations ouvrières. Le plus sûr moyen d'arriver à ce résultat, c'est que nous puissions nous procurer, le plus tôt possible la matière première qui nous manque. Votre Majesté voudra bien croire que mon intervention dans cette affaire est complètement désintéressée. Après avoir transformé en peu de temps nos grands établissements, j'ai pu, néanmoins, conserver de l'ouvrage à nos malheureux ouvriers, et même le leur assurer pour l'avenir. C'est donc uniquement pour subvenir aux besoins de notre industrie nationale, comme tout Français dévoué à son pays doit le faire dans les circonstances actuelles, que j'ai l'honneur de soumettre à l'Empereur les trois projets suivants :

1° Celui de l'Habra, dont la réalisation pourrait être immédiate, si la concession était faite à la Compagnie oranaise : deux cents colons et propriétaires de la province d'Oran n'attendent que la livraison des terres pour mettre la main à l'œuvre ;

2° Un projet de réservoirs à établir pour la province d'Oran. Si l'étude de ces plans était achevée dans le courant de l'année, ce qui serait facile, on pourrait, dès l'année prochaine, donner un large développement à la culture du coton ;

3° Un projet de culture au Sénégal, lequel est en cours de réalisation. Déjà, pour ne pas perdre les fruits d'une année, j'ai fait, dans ce but, les avances de fonds nécessaires ; mais le décret impérial touchant la concession des terres n'a pas encore paru, ce qui me fait craindre un ajournement dont les conséquences seraient funestes pour nous.

C'est avec une pleine confiance, Sire, que j'ose demander à Votre Majesté une solution prochaine à ces questions, dont j'eusse été heureux de pouvoir lui présenter de vive voix un développement plus complet. Je vous la demande au nom d'une industrie en souffrance, pour laquelle tout retard est un redoublement de gêne ou de détresse ; au nom de ces ouvriers sans travail, dont l'aumône finira par devenir l'unique ressource. Par là, Votre Majesté n'aura pas seulement prouvé, une fois de plus, sa haute sollicitude pour les classes laborieuses, mais encore elle se sera acquis un nouveau titre à la reconnaissance de nos colonies de l'Algérie et du Sénégal, dont la prospérité est intimement liée au succès d'entreprises de cette nature. Pour moi, si je réussis dans l'œuvre à laquelle je me suis dévoué, je trouverai dans ce résultat la plus douce des récompenses, la seule que j'ambitionne. Je serais heureux d'avoir pu contribuer, pour ma part, à relever le rôle de l'initiative personnelle, qui n'atteint pas, en France, toute la place qui devrait lui revenir, tandis qu'elle est, en Angleterre, une des sources les plus abondantes de la richesse et de la grandeur du pays.

J'ai l'honneur d'être, etc.

Signé : ANT. HERZOG.

Paris, 6 janvier 1863.

LETTRE DE M. GROS A M. P. BARET, RÉDACTEUR DE *l'Industriel alsacien.*

Paris, 29 janvier 1863.

Monsieur le rédacteur,

Votre numéro du 25 décembre dernier contient une lettre de M. Herzog, sur la culture du coton et la colonisation de la province d'Oran.

Je n'ai pas à discuter les motifs auxquels votre honorable correspondant attribue l'insuccès qu'ont éprouvé plusieurs grandes compagnies cotonnières récemment organisées. Je ne saurais, d'ailleurs, qu'applaudir à la pensée qui a sans doute inspiré un industriel aussi compétent et aussi autorisé : attirer l'attention du public sur des questions du plus haut et du plus pressant intérêt au point de vue national et au point de vue industriel.

Je ne me demande même pas si le meilleur moyen d'encourager les capitalistes et les chefs d'industrie disposés à concourir à la colonisation de notre belle conquête, est de faire ressortir les difficultés qui ont assailli les entreprises particulières qui ont tenté ou tentent de se former.

Mais je m'enquiers vainement des raisons sérieuses, je dis raisons d'intérêt public, par lesquelles M. Herzog a été amené à tenter de jeter le discrédit sur la Compagnie anglaise des cotons algériens, d'agriculture et d'irrigation.

Faisant partie du conseil d'administration de cette société, j'ai droit de m'étonner que précisément un de mes compatriotes soit l'auteur d'allégations non fondées en fait et, de plus, énoncées légèrement en des termes que je crois inutile d'apprécier. Je ne m'attacherai qu'au fond.

On argue de deux faits pour avancer que la compagnie n'a jamais existé que de nom.

Elle n'est pas même parvenue, en l'espace de quelques mois, à constituer un faible cautionnement. Le nom seul de M. Herzog, sur la liste d'un conseil d'administration d'une Compagnie quelconque m'empêcherait, même actuellement, de produire une assertion pareille. Suis-je, de mon côté, bien présomptueux en pensant que M. Herzog me doit une semblable condescendance, à moi et à chacun de mes collègues?

Après cette assertion dérisoire, il en vient une autre basée sur des on-dit et sur de fausses interprétations d'un fait mal connu, « il avait été question d'un capital de 25 millions, et on ne parle plus que de 2,100,000 francs. »

Ce dernier chiffre n'a jamais été mentionné, et voici, au vrai, l'état des choses.

Comme la plupart des compagnies anonymes anglaises, la Compagnie des cotons algériens, d'agriculture et d'irrigation, au lieu d'insérer dans ses statuts une clause donnant pouvoir d'étendre et d'augmenter son capital, l'a fixé immédiatement à un maximum de 25,000,000 fr. Mais l'émission s'est bornée à 7,500,000 fr. seulement, somme plus que suffisante pour les besoins immédiats de l'opération.

Sur cette somme, 40,000 actions représentant 4,400,000 fr., comme suit :

28,000 actions à 125 fr., soit.	3,500,000 fr.
12,000 » à 75 » »	900,000
	4,400,000 fr.

ont été souscrites en Angleterre; la justification du dépôt des fonds effectué lors de cette souscription, justification visée par le consulat français à Londres, a été déposée au Conseil d'État.

Quant aux autres 20,000 actions représentant 2,500,000 fr., elles ont été réservées à la France.

Voilà, quant aux faits actuels ; à l'égard des intentions prêtées à la Compagnie anglaise de se convertir en société financière, c'est une supposition gratuite, c'est charité pure, et je ne veux pas répondre à des prophéties malveillantes par un prospectus plein de promesses auxquelles les noms de MM. le comte d'Hauterive, Roux de Clausays, Dumont, d'Allens et le mien, donneraient pourtant quelque poids.

D'ailleurs, la réponse à cette œuvre de dénigrement se trouve au verso de la page où est inscrit l'acte d'accusation; tournez le feuillet et vous verrez que M. Herzog sollicite précisément 500 hectares sur les 24,000 que Son Excellence M. le maréchal duc de Malakoff a concédés à la Compagnie anglaise. Je me demandais quelle vue d'intérêt public avait inspiré le signataire de la lettre du 25 décembre, et je trouve une compétition d'intérêt privé.

Puis-je m'empêcher de regretter que M. Herzog ait voulu discréditer une entreprise en pleine voie de formation; décourager d'avance, par la crainte d'attaques de concurrents tard venus, toute autre entreprise qui serait sur le point de se produire et surtout, chose grave, suspecter ouvertement la fermeté et la loyauté du gouverneur de l'Algérie *j'usqu'au point d'espérer qu'il désavouera des engagements pris avec maturité, avec sagesse, en vue d'attirer les capitaux anglais et de réveiller l'apathie des capitaux français?*

Agréez, Monsieur le rédacteur, l'assurance de ma considération distinguée.

AIMÉ-PH. GROS.

RÉPONSE DE M. HERZOG A LA LETTRE PRÉCÉDENTE.

Logelbach, 12 février 1863.

Monsieur le rédacteur,

Il ne saurait entrer dans ma pensée de réduire aux proportions d'une polémique toute personnelle et par conséquent mesquine, l'importante question que j'ai eu l'honneur de traiter dernièrement dans votre estimable journal, en la considérant de haut, et en me plaçant à un point de vue de pur intérêt général. J'ajoute que si je ne prenais conseil que de moi-même, dans les douloureuses circonstances où je me trouve, je n'essaierais même pas de répondre à la lettre de M. Aimé Gros, insérée dans votre numéro du 6 février, si offensante que puisse être la manière dont y sont appréciées quelques assertions que j'ai produites. Mais je dois à la vérité, en même temps qu'aux sentiments d'estime que je professe pour votre honorable correspondant, de rétablir un fait qui pourrait rester méconnu et donner le change sur mes intentions.

M. Aimé Gros s'étonne qu'ayant pu lire son nom sur la liste des membres du conseil d'administration de la Compagnie anglaise des cotons algériens, je n'aie pas aussitôt modifié mon jugement et attribué à cette Compagnie tout le crédit qui s'attache au nom d'un des principaux associés de l'honorable maison de Wesserling Cette surprise serait légitime, si elle était bien fondée; mais je me hâte de dire que la mienne n'a pas été moins vive, en apprenant, après la publication de la lettre qui me vaut de si singulières représailles, ce que j'ignorais complètement jusqu'alors, c'est-à-dire que la Compagnie anglaise se fût francisée et que M. Gros fît partie du nouveau conseil d'administration. L'erreur est bien excusable, et ne m'est, d'ailleurs, rien moins que personnelle, ma lettre sur la culture du coton dans la province d'Oran étant du 19 décembre, et le prospectus de la Compagnie à laquelle appartient M. Gros n'ayant été répandu ou ne m'étant parvenu que dans les derniers jours de décembre.

Il va de soi que je n'aurais point parlé de la Compagnie anglaise, réorganisée, transformée, francisée, représentée par des hommes tels que MM. Gros, Dumont, etc., comme je l'ai cru pouvoir faire de la Société qui existait auparavant. Je me serais, au contraire, réjoui pour elle de la voir arriver à la vie et prendre une véritable consistance.

Je ne sais si M. Gros s'identifie à la Compagnie anglaise depuis son origine afin de la mieux défendre. Il me semble incontestable qu'elle a eu des phases très-distinctes, a traversé bien des vicissitudes et que son organisation actuelle n'est point absolument celle d'autrefois. Aussi ai-je peine à m'expliquer la vivacité avec laquelle votre honorable correspondant me reproche d'avoir signalé l'impuissance où s'est trouvée longtemps cette Compagnie à s'organiser définitivement et à constituer son capital, puisque l'évènement me donne raison d'une façon si formelle. Si la Compagnie anglaise, en effet, avait été à même de remplir ses engagements vis-à-vis de l'État, son traité, fait depuis près d'un an, serait-il encore à ratifier aujourd'hui? et à quoi bon, dans cette hypothèse, la transformation qu'elle vient de subir? à quoi bon la formation d'un nouveau conseil d'administration? à quoi bon cet appel fait à des hommes dont le nom peut servir de garantie et inspire la confiance?

Quant au mobile qui, d'après M. Gros, aurait inspiré ma lettre du 25 décembre, je n'en parle qu'à regret. C'est avec une profonde surprise que je me suis vu accuser par un de mes collègues dans l'industrie, dont je croyais avoir l'honneur d'être connu autrement, de prendre la plume et d'aiguiser des critiques pour servir un intérêt tout personnel et faire triompher une cause qui est mienne.

Pour les expressions qui enveloppent l'insinuation si peu bienveillante dont M. Gros me fait l'objet, je n'en dirai qu'une chose, c'est qu'elles ne peuvent qu'avoir échappé à un homme accoutumé à des formes courtoises.

Si j'ai vu avec intérêt la Compagnie oranaise se constituer, si je me suis décidé, non pas à m'inscrire pour un chiffre bien considérable d'hectares, mais à servir en quelque sorte de caution à un certain nombre de souscripteurs afin de détruire jusqu'à la dernière objection dont cette Compagnie pouvait être l'objet, c'est que j'ai pu me convaincre, par mon voyage en Algérie, que la Société oranaise se trouvait véritablement dans des conditions à pouvoir assurer à la culture du coton une extension considérable, et cela à une époque où la Compagnie anglaise cherchait encore à prendre pied; c'est que j'ai cédé au désir de venir en aide à des colons qui ont été les promoteurs de la culture du coton dans la province d'Oran; à des colons qui depuis des années demandent instamment à acheter, à des prix avantageux pour l'État, dans ces mêmes plaines de l'Habra, des terres voisines de celles où ils s'appliquent déjà avec succès aux cultures industrielles; à des colons enfin qui, depuis des années, attendent et sollicitent la construction de ce barrage de l'Habra que la Compagnie anglaise espère obtenir aujourd'hui, de préférence à eux, et à des conditions moins favorables pour l'État.

Je puis donc dire à M. Gros que cette pensée de spéculation qu'il semble tenir beaucoup à m'attribuer, tout préoccupé qu'il est peut-être des prospectus de la Compagnie anglaise, il me la prête bien gratuitement.

Je suis propriétaire dans la province d'Oran, et propriétaire de terres *achetées*, assez vastes pour suffire à mes projets; la culture du coton y existe déjà et y peut recevoir de larges développements. Tout ce qui me viendra en dehors de ces terres me sera certainement une charge et non un avantage.

Je ne dis plus qu'un mot de la Compagnie oranaise que je n'ai point qualité de défendre, ne faisant pas partie de son conseil d'administration. M. Gros qualifie de *tard venus* les colons oranais. Comment apprécier une pareille qualification s'appliquant à des colons qui, depuis cinq ou six ans, ainsi que je l'ai dit, demandent à acheter les terres qu'ambitionne aujourd'hui la Compagnie anglaise, et quel nom M. Gros donnera-t-il à la Compagnie anglo-française qui vient de s'organiser avec le nouveau conseil d'administration dont il est membre?

Je m'étonne, en outre, que M. Gros considère le gouvernement comme absolument lié vis-à-vis de la Compagnie anglaise. Tout le monde sait qu'il n'est intervenu qu'un traité provisoire, et que ni l'Empereur ni le Conseil d'État ne se sont encore prononcés.

J'estime, pour ma part, que le gouvernement saura être impartial et que ce seront les conditions sérieuses, les meilleures garanties et les offres les plus avantageuses pour l'État qui triompheront, que ce soit la Compagnie anglaise ou que ce soit la Compagnie oranaise qui réunisse ces conditions.

Au reste, une lettre du cabinet de l'Empereur, du 11 décembre, lettre rendue publique, ne permet pas aux colons oranais de douter un instant des dispositions équitables, et j'ajouterai bienveillantes de l'administration à leur égard.

Je n'ai pas besoin de dire, en terminant, que je souhaite de grand cœur que les deux Compagnies aboutissent à un résultat. Toutes deux peuvent prospérer, si elles évitent les errements que j'ai signalés dans ma lettre du 19 décembre (ne pensant guère que cela me deviendrait un sujet de reproche), et si elles se conforment aux conditions que l'expérience leur dicte et qui sont indispensables à leur succès.

Mais la Compagnie anglaise n'a point de raisons absolues pour s'établir à l'Habra plutôt que dans tout autre centre favorable à la culture du coton. Les colons du Sig, au contraire, y ont un intérêt immédiat et des titres qui sont aisés à justifier.

Quoi qu'il puisse advenir, j'ai conscience de m'être inspiré des véritables intérêts de l'Algérie aussi bien que de ceux de l'industrie manufacturière en prêtant tout mon concours à la Compagnie oranaise, et j'ai lieu de croire que le moment viendra où M. Gros regrettera, et pour la forme et pour le fonds, une lettre où se trouvent si étrangement dénaturés des intentions généreuses et des efforts qui se proposaient un but incontestablement utile.

Agréez, etc.

ANTOINE HERZOG.

Logelbach, le 26 mars 1863.

A Son Excellence Monsieur Magne, ministre sans portefeuille.

MONSIEUR LE MINISTRE,

Lorsque j'eus l'honneur de me présenter le 22 mars dernier à l'audience que vous m'avez fixée le 20, j'eus le regret d'apprendre que Votre Excellence venait de partir pour Orléans. Ce regret était d'autant plus vif que je m'étais proposé de vous entretenir d'une question dont l'opportunité occupe tous les esprits, et c'est à ce titre que je prends aujourd'hui la liberté de développer par écrit les considérations urgentes qui avaient motivé ma demande.

Je m'adresse à Votre Excellence comme au représentant direct du pouvoir, comme au ministre de l'Empereur, qui s'est exprimé sur cette importante question, en ces termes, le 9 février dernier, à l'Assemblée législative : « Il « est incontestable que les circonstances où se trouve l'industrie manufactu- « rière donnent à la culture du coton en Algérie un caractère d'opportunité « malheureusement trop évident; mais le gouvernement n'avait pas attendu « cette occasion pour reconnaître toute l'importance de cette culture pour la « prospérité de l'Algérie et pour le travail de ses manufactures.

« Néanmoins le gouvernement ne pouvait se faire lui-même entrepreneur, « la Chambre ne l'aurait pas suivi dans cette voie..... On ne négligera rien « pour aider et faciliter les entreprises collectives, afin qu'elles puissent se « mettre à l'œuvre le plus tôt possible. »

Plusieurs grandes compagnies sont à l'état de projet : aucune n'a abouti.

Je ne vous entretiendrai que de celles qui me concernent : la Compagnie anglaise ou franco-anglaise, et la Compagnie oranaise. Mon but n'est pas de plaider ici la cause de celle des deux qui a toutes mes sympathies, parce qu'elle personnifie à mes yeux un intérêt exclusivement français.

Avant tout, mes vœux sont pour une prompte réalisation en grand de la culture du coton; je me consolerai plutôt de l'échec de la Compagnie oranaise au profit de la Compagnie anglaise si, tout au moins, il devait prévenir un ajournement aussi préjudiciable. Je viens donc, M. le ministre, renouveler près de vous mes instances pour une prompte solution en même temps que pour une réponse à mes demandes.

Le manque de coton, de cette matière première qui donne la vie à une industrie si considérable, m'avait engagé à voir par moi-même ce que l'Algérie pourrait produire; frappé, dès mes premières courses dans les environs d'Oran, de l'avenir que réservait cette province à sa culture, j'ai limité mes explorations à cette partie de l'Algérie et, dès mon retour en France, tout pénétré de l'importance de cette culture et de son opportunité, j'ai sollicité de l'Empereur une audience pour soumettre à Sa Majesté divers projets, dont la réalisation devait promptement donner du coton à nos ouvriers sans travail.

J'avais alors la sincère croyance qu'en agissant ainsi, je ne faisais, par mon initiative personnelle, qu'entrer dans les vues du gouvernement.

Monsieur le duc de Bassano fit répondre à ma demande que Sa Majesté l'avait délégué pour recevoir mes communications.

Je remis en conséquence mes notes et projets à M. le duc le 6 janvier; ces pièces étaient accompagnées d'une lettre à l'Empereur dans laquelle j'insistais sur la nécessité d'une solution prochaine, me fondant sur la situation de notre classe ouvrière en détresse par le manque de coton, et dont l'aumône finira par devenir l'unique ressource.

Je disais à Sa Majesté :

« Si je me permets de signaler à l'Empereur l'urgence de ces travaux, c'est « que le temps presse : les plantations devront se faire au mois d'avril, et, « par conséquent, trouver des terrains suffisamment préparés. Un retard de « quelques jours peut devenir pour nous un ajournement d'une année en« tière. Or, une année d'attente pour des ouvriers sans travail, c'est un délai « bien long. »

La Compagnie oranaise composée de deux cents colons aurait pu donner à la France, cette année encore, une récolte de coton égale à celle de toute l'Algérie dans le courant de l'année dernière, et cette compagnie n'a pas encore obtenu aucune réponse officielle à sa demande; l'année sera donc perdue pour le développement de la culture du coton en Algérie.

En venant aujourd'hui m'adresser à Votre Excellence, en venant encore insister sur une question d'une telle importance, j'ai cru remplir les intentions si généreuses et les pensées si profondes de l'Empereur qui, dans un mémorable discours, faisait appel à l'initiative individuelle. Sa Majesté disait :

« Voilà à quelles conditions existe en Angleterre cette merveilleuse activité, « cette indépendance absolue. La France y parviendra aussi le jour où nous « aurons consolidé les bases indispensables à l'établissement d'une entière li« berté. Travaillons donc de tous nos efforts à imiter de si profitables exemples; « pénétrez-vous sans cesse des saines doctrines politiques et commerciales, « unissez-vous dans une même pensée de conservation, et stimulez, chez les « individus, une spontanéité énergique pour tout ce qui est beau et utile; « telle est votre tâche; la mienne sera de prendre constamment le sage pro« grès de l'opinion publique pour mesure des améliorations, et de débarrasser « des *entraves administratives* le chemin que vous devez parcourir. »

Des réformes aussi utiles sont donc bien difficiles à accomplir, puisque tous les efforts d'hommes honorables à la tête de deux compagnies sont encore demeurés sans aucun résultat au moment même où, selon les paroles gouvernementales, notre demande a une si navrante opportunité, au moment même où les paroles du chef de l'État signalent les progrès à accomplir.

Votre Excellence comprendra les motifs impérieux qui ont dicté mes démarches et la lettre que j'ai l'honneur de lui écrire, alors que les questions que je traite tendent à la prospérité d'une de nos principales colonies et au soulagement d'une classe laborieuse et si digne d'intérêt, la classe ouvrière du coton.

ANTOINE HERZOG.

Membre du Conseil général du Haut-Rhin.

CIRCULAIRE ADRESSÉE AUX MEMBRES DE LA COMPAGNIE FRANCO-ORANAISE POUR LA MISE EN CULTURE DES PLAINES DE L'HABRA ET DE LA MACTA.

Saint-Denis-du-Sig, *le* *mai* 1863.

Monsieur,

J'ai l'honneur de vous informer que l'administration a pris la décision de vendre en bloc, à l'enchère, les terres de la plaine de l'Habra, dont la Compagnie oranaise demandait la concession à titre d'achat. Cette résolution a rendu nécessaire des changements à l'organisation de notre Société.

Les statuts modifiés sont déposés chez MM. J.-R. Manegat et Cie, à Oran, et en l'étude de Me Cousinard, notaire à Saint-Denis-du-Sig ; vous êtes invité à en prendre connaissance sans retard, et à effectuer le premier versement exigé par les statuts, l'adjudication devant avoir lieu dans un délai très-rapproché.

Veuillez agréer, Monsieur, mes civilités empressées,

V. GRIVEL.
Administrateur provisoire.

Logelbach, près Colmar, 18 février 1864.

A Sa Majesté Napoléon III, *Empereur des Français.*

SIRE,

Dans un discours mémorable, Votre Majesté a fait appel à l'initiative individuelle, avec la promesse de seconder son essor en débarrassant des entraves administratives le chemin qu'elle est appelée à parcourir.

Je ne pouvais mieux répondre, pour ma part, à l'appel de Votre Majesté, qu'en poursuivant les projets que j'avais eu l'honneur de lui soumettre, le 6 janvier 1863.

La réussite de mes projets eût aidé à soulager les souffrances des ouvriers cotonniers et à affranchir de sa dépendance une industrie compromise gravement par la crise américaine.

Si j'ai réussi au Sénégal, j'ai échoué en Algérie contre les entraves administratives dont la puissance d'inertie paralyse les intentions si généreuses de Votre Majesté. Elle ne s'étonnera donc pas, je l'espère, que sous le coup de cette déception, je lui demande la liberté de lui exposer respectueusement les mécomptes que j'ai éprouvés.

Votre Majesté sait les graves perturbations jetées dans l'approvisionnement de nos manufactures à la suite du différend des États-Unis. Sous les incitations de la crise, la culture cotonnière s'est développée dans beaucoup de pays. L'Italie méridionale, l'Égypte, les îles de la Grèce, le Levant, tout le littoral de la Méditerranée ont donné des quantités considérables de cotons susceptibles de remplacer en partie les variétés similaires d'Amérique. Seule, l'Algérie, que sa proximité de la France, la nature de son sol, ses immenses territoires en friche, mettent dans des conditions de réussite exceptionnelles, n'a produit que des quantités insignifiantes.

Et cependant, Sire, l'initiative individuelle et collective n'ont pas manqué: la Compagnie de la Tafna, celle de M. Pouyer-Quertier, la Compagnie française des cotons algériens, la Société anglo-française, celle des colons oranais, prouvent la spontanéité d'efforts qui présageaient un avenir heureux à notre colonie algérienne.

Mais les lenteurs de l'administration arrêtent la plupart des entreprises, et ses entraves ont fait échouer les autres.

En mai 1863, je restai seul à poursuivre la culture du coton sur une grande échelle dans la province d'Oran : j'avais recueilli la succession des Compagnies anglaise et oranaise. Appelé à Paris pour assister à une séance de la section algérienne du conseil d'État, je donnai sur le cahier des charges de la vente des terres de l'Habra, des explications qui me firent espérer une prompte solution. Le conseil d'État devait se prononcer définitivement, et je m'étais engagé, verbalement et par écrit, à me présenter à l'adjudication.

Je quittai Paris plein d'espoir, avec la certitude de réaliser une œuvre qui devait donner du coton à nos industries et contribuer puissamment à la colonisation de l'Algérie.

Mais il n'en fut pas ainsi; l'instruction ayant été jugée incomplète, tout se trouva ajourné; le cahier des charges avait été renvoyé en Algérie, et les travaux de barrage et d'irrigation soumis à de nouvelles études.

L'étude complète revint au conseil d'État en novembre. Un traité provisoire, signé le 25 juin 1862 par Son Excellence le duc de Malakoff, avait concédé les terres de l'Habra à deux Anglais, sauf approbation de l'Empereur, au prix de DEUX MILLIONS, *payables à mesure de l'exécution des travaux de desséchement qui se feraient* AUX FRAIS DE L'ÉTAT. Le nouveau cahier des charges estimait le travail à exécuter à TROIS MILLIONS QUATRE CENT QUINZE MILLE FRANCS, AUX FRAIS ET RISQUES DE L'ADJUDICATAIRE.

Je n'insiste pas sur l'immense contraste entre ces conditions et le prix primitif demandé aux Anglais.

D'autres déceptions m'attendaient. Prêt à tous les sacrifices pour poursuivre mon entreprise, je retournai à Paris où l'on m'avait promis la communication du dossier et l'autorisation de prendre copie des plans afin de bien étudier le cahier des charges pour me mettre à l'œuvre immédiatement après l'adjudication. Quand j'arrivai, le dossier avait passé du ministère au conseil général des ponts et chaussées. Nouvel ajournement, ajournement indéfini, car le coton se sème en avril et trois mois sont indispensables pour préparer le sol. Une autre année était perdue pour la culture des terres de l'Habra.

Les souffrances des ouvriers cotonniers ont commencé en 1862; elles ont diminué en 1863, et il faut bien espérer que la présente année en rapprochera encore le terme. Mes premiers efforts, Sire, cette initiative à laquelle vous avez fait appel, datent de 1862, et après bien des déceptions on me laisse entrevoir l'espérance d'arriver en 1865!

Rien n'a contre-balancé les lenteurs de l'administration; ni les désirs de Votre Majesté, exprimés si nettement, ni la misère navrante des ouvriers cotonniers sans travail, sans pain, ni l'émulation et l'exemple des pays voisins. La conclusion est péremptoire : en Algérie, les entraves administratives tuent toute initiative personnelle, et l'antagonisme des deux pouvoirs qui la gouvernent paralyse les intentions les plus bienveillantes du gouvernement de l'Empereur.

Sans doute, mon histoire n'est qu'un épisode, mais cet épisode se renouvelle si souvent, que c'est bien là l'histoire de la colonisation de l'Algérie.

Je me résume. Le 25 juin 1862, le gouverneur général de l'Algérie concède provisoirement à une Compagnie anglaise, les terres domaniales de l'Habra; en novembre suivant les colons oranais s'associent pour demander les mêmes terres à des conditions plus favorables à l'Etat.

Deux Compagnies sont en présence; le Conseil d'Etat, par impartialité, décide la vente aux enchères publiques du territoire sollicité, et le Gouvernement général est chargé de dresser le cahier des charges; une lettre du cabinet de l'Empereur déclarant que ce travail doit se faire d'urgence, accompagne le dossier qui arrive à Alger en avril, à Oran en mai, avec la même annotation *d'urgence*. En dix jours le cahier des charges est fait à Oran : de retour à Alger il est remanié complètement et n'arrive à Paris qu'en juin.

Le conseil d'Etat en est saisi le 10 juin, et trouvant le dossier incomplet, il demande, le 14 juillet, un supplément d'étude. En conséquence le Ministre de la guerre le renvoie au Gouverneur général de l'Algérie d'où il passe successivement entre les mains du général Deligny qui commande la subdivision d'Oran, du Préfet, de l'Ingénieur en chef des ponts et chaussées chargé de le modifier, puis repasse par la même filière pour arriver à Paris fin novembre 1863, et le 23 janvier 1864, l'honorable Président de la section de la guerre au conseil d'Etat, commissaire du gouvernement devant la chambre, fait espérer, en répondant à un amendement sur l'Algérie, que l'adjudication des terres de l'Habra sera prochaine, sans toutefois fixer aucune époque. Une question si importante pour l'Algérie, si opportune pour la France, une question pour laquelle Votre Majesté a réclamé une solution urgente, reste sans résultat dix mois après la première décision du conseil d'Etat.

Sans parti pris contre le gouvernement de l'Algérie, je n'ai recueilli aucun des documents qui lui sont contraires; je n'ai non plus provoqué de pétition que j'eusse pu faire couvrir de cent mille signatures : je m'adresse à Votre Majesté, seul, et sans sentiment hostile à l'administration algérienne. Si malgré mes échecs je n'ai pas perdu l'espoir, c'est que j'ai foi en la Providence qui, pour accomplir des évènements importants, se sert souvent de leviers bien humbles.

Si l'Algérie doit sortir de sa léthargie, l'œuvre de la colonisation de son rôle passif; si ces terres arrosées avec le sang de nos soldats doivent devenir fécondes, tout cela ne s'accomplira que par une modification de l'administration actuelle de la colonie.

La centralisation à Alger, malgré ses avantages, trouve, non sans raison, bien des contradicteurs; mais la centralisation à Alger, avec la superfétation de celle de Paris, c'est l'ajournement indéfini des affaires, l'écueil contre lequel vient échouer la colonisation. L'administration civile a rendu de grands services à l'Algérie, ne pourrait-on pas, dès maintenant, lui donner plus d'étendue?

Les militaires placés à la tête du gouvernement de l'Algérie ont droit bien certainement aux sympathies et à la gratitude de la France entière; ils ont pour la plupart payé un noble et généreux tribut à leur pays sur des champs de bataille qui ont ajouté grandement à sa gloire; mais n'est-il pas permis de se demander, Sire, si c'est bien leur rôle de présider à la colonisation, si c'est bien leur mission de provoquer et d'encourager les entreprises agricoles, commerciales, industrielles?

L'administration militaire a-t-elle intérêt au progrès de la colonisation? Trouvant devant elle les colons et les arabes; d'une part, le souvenir de la France avec ses aspirations libérales; de l'autre une nation conquise, gouvernée sans résistance ni contrôle, elle préfère s'attacher au côté où elle trouve l'obéissance passive du régime militaire.

Après dix ans de pacification il est permis de désirer mieux que le maintien immuable d'un gouvernement organisé pour parer aux éventualités d'une conquête en révolte continuelle. Confiante dans les intentions généreuses de Votre Majesté, l'Algérie attend avec résignation qu'Elle la relève de ses langes pour la développer dans toute sa force et lui donner un peu de la puissante impulsion qui a fait la fortune de la France; alors elle pourra, en remerciant Votre Majesté d'avoir ouvert à ses enfants une ère nouvelle de prospérité et de bonheur, rendre témoignage, elle aussi, du règne glorieux à qui elle devra l'initiative de ses progrès.

Je suis, Sire,

DE VOTRE MAJESTÉ,

le très humble et très obéissant serviteur
et fidèle sujet.

ANT. HERZOG,

Manufacturier, membre du Conseil général
du Haut-Rhin.

TABLE DES MATIÈRES.

www.ingramcontent.com/pod-product-compliance
Lightning Source LLC
LaVergne TN
LVHW020446230826
846091LV00004B/1570
9782011780973